RICARDO RAVELO

ZETAS

LA FRANQUICIA CRIMINAL

PRÓLOGO DE EDGARDO BUSCAGLIA

Barcelona · México · Bogotá · Buenos Aires · Caracas ·Madrid · Miami · Montevideo · Santiago de Chile

Zetas, la franquicia criminal

Primera edición, octubre de 2013
Segunda reimpresión, marzo de 2014

Bradley 52, Anzures, D.F-11590, México,
www.edicionesb.com.mx

ISBN 978- 607-480-512-3

A Denixe

por nuestras coincidencias y divergencias.
Gracias por ser como eres.

ÍNDICE

PRÓLOGO

Edgardo Buscaglia[1]

La crisis de inseguridad humana por la que transitan México y parte de los países de Centroamérica es producto de los atroces actos delictivos en general y de terrorismo en particular que cometen grupos delictivos de carácter nacional y transnacional que operan desde los gobiernos pero también fuera de ellos. Una de estas redes empresariales criminales es el complejo entramado de franquicias de Los Zetas. Esta organización ha logrado establecerse desde México hacia 34 países donde las autoridades iniciaron ya investigaciones patrimoniales para vincular la gran diversidad de delitos económicos con esta organización criminal mexicana de origen estatal.

Esta enorme expansión criminal patrimonial de Los Zetas de México al resto del planeta simboliza la hasta ahora fallida transición política mexicana hacia una democracia, así como las erróneas políticas públicas de las últimas tres administraciones federales —incluida la de Enrique Peña Nieto—, empapadas de corrupción de Estado y privada que hoy está fuera de control en México. El periodista Ricardo Ravelo, como ningún otro, proporciona una visión dinámica del crecimiento patrimonial de Los Zetas al amparo del terror y los sobornos, conflictos de interés, tráfico de influencias y demás delitos de corrupción entre altos funcionarios del Estado Mexicano.

---

[1] El Dr. Edgardo Buscaglia es Director del International Law and Economic Development Centre; Investigador Principal en la Universidad de Columbia y Presidente del Instituto de Acción Ciudadana en México.

La larga trayectoria de Ravelo, de la cual ha dejado cuenta en sus libros sobre el tema del narcotráfico y el mundo en el que éste se inserta —todos ellos de excelente factura—, así como en su quehacer periodístico cotidiano, plasma con precisión la actual debacle de inseguridad humana en México y la región centroamericana.

Junto con la organización Sinaloa, la de Los Zetas es hoy una de las diez organizaciones criminales más complejas en el mundo. Su enorme diversificación de delitos incluye ilícitos de orden económico que van de la trata y el tráfico de seres humanos, a la piratería y los fraudes cibernéticos, pasando por los tradicionales como el tráfico de recursos naturales, de armas, de estupefacientes, secuestro y las extorsiones regionales masivas. Una empresa criminal trasnacional de ese talante, conformada por personas físicas y morales, debe recordarse, gestiona y realiza con frecuencia transacciones internacionales de bienes y servicios de manera ilegal —productos de piratería y dinero falsificado, por ejemplo— y legal —personas, petróleo, automóviles, cigarros o joyas, entre otros— siempre a través de canales y medios ilegales con la complicidad de funcionarios corruptos.

Los Zetas y el cártel de Sinaloa cuentan con estructuras organizacionales de primera dimensión, muy superiores a los "directorios ejecutivos" de los políticos y empresas constituidas de manera formal en los registros de la propiedad mercantil en cualquier país. Poseen también una segunda dimensión, conformada por grupos armados que operan en el ámbito internacional —los "Jefes de jefes", como los denominan los medios de comunicación, algunas veces de manera peyorativa— cuya función es brindar protección a las estructuras económicas de la empresa criminal y a gestionar las transacciones económicas. Y una tercera dimensión de franquicias económicas en varias jurisdicciones a través de las cuales ejecutan sus transacciones de bienes y servicios diversos —contrabando de mercancías, piratería, migrantes, armas, drogas, etcétera— y a pagar cuotas a los directorios de las empresas criminales. Son estas franquicias y sus conexiones de poder las que con gran talento periodístico y literario describe y vincula Ravelo a la descontrolada corrupción de los sectores público/privados de México y otros países. Es eso lo que ha permitido a Los Zetas vender sus productos o servicios y colocar sus capitales de origen ilícito dentro de los sistemas económicos de los 20 países más ricos y de mayor poder adquisitivo en América del Norte y Europa Occidental, en los cuales se concentra actualmente el 68% del lavado de dinero mundial.

Esta calamitosa situación —analizada por Ravelo con su talentosa pluma— le presenta a los Estados y a las sociedades civiles de la región latinoamericana oportunidades para alcanzar mayor progreso a través de un más integral desarrollo humano. Este desarrollo humano requiere no sólo el diseño y fortalecimiento de políticas públicas de seguridad psicofísica y patrimonial de la ciudadanía (hoy viciadas por los abusos represivos de un sistema judicial mexicano colapsado e inmerso en conflictos de interés), sino también garantizar en la práctica el ejercicio de 58 derechos humanos individuales y colectivos en sus dimensiones política, civil, económica, social y cultural. Eso implica la "seguridad humana" en un sentido más integral, pues abarca no tanto la seguridad física como la laboral, la sanitaria, la ambiental, la educativa, así como la que proporciona formalizar legalmente la propiedad privada o comunal.

Con frecuencia son estos derechos humanos los que violan de manera masiva y sistemática Los Zetas y funcionarios aliados a las estructuras criminales. Y ello se observa en los cientos de miles de jóvenes que, carentes de alternativas de vida, optan por engancharse a las organizaciones delincuenciales y a brindarles protección social a las franquicias zetas. Y eso retroalimenta precisamente a la delincuencia organizada en general, y a Los Zetas en particular, debido a los vacíos institucionales de un Estado mexicano fallido por no garantizar todas estas dimensiones de seguridad humana a sus ciudadanos.

La cooperación internacional para el desmantelamiento de empresas criminales mexicanas requiere de armonización internacional de políticas criminales, sociales, fiscales y regulatorias —hoy inexistentes— en temas tan diversos como armas, drogas, migración, medidas arancelarias, medio ambiente y protección financiera. Esas políticas deben aplicarse a los bienes y servicios traficados por grupos criminales. Sin embargo, en México y en el ámbito internacional la descoordinación de políticas públicas impide el libre ejercicio a cabalidad de la seguridad humana. La administración del presidente Peña Nieto, por ejemplo, aun no da señales de cómo abordará este problema medular. Hasta ahora sólo subsidia, por acción u omisión, la expansión de la delincuencia transnacional, misma que describe Ravelo en esta brillante obra.

La falta de consenso entre las fuerzas políticas mexicanas para implementar las reformas antedichas se debe al viciado proceso planificado principalmente desde el sexenio de Carlos Salinas de Gortari, caracterizado por el enriquecimiento pirañesco de los antiguos miembros del régimen autoritario del Partido Único de Estado —hoy arropados con banderas de partidos de derecha e izquierda— financiados por sus monopolios y oligopolios privados otorgados por el régimen político a sus empresarios cortesanos —hoy disfrazados de entrepreneurs legalizados—.

Esta situación ha generado vacíos de políticas públicas que benefician sólo a las élites político-económicas mexicana y extranjeras que se han enriquecido superlativamente. Esta involución política hacia una mafiocracia provoca la expansión de vacíos en el Estado Mexicano que cubren cada vez más organizaciones de actores criminales estatales y no estatales cuya envergadura es sólo comparable a la de las más poderosas organizaciones mafiosas del planeta, entre ellas la Cosa Nostra siciliana, la Yakuza japonesa, las tríadas chinas, el MKM o Rehman Dekai pakistaní o la organización rusa Vory v Zakone.

Toda élite político-empresarial de los países en transición rara vez está dispuesta (por obvias razones) a someterse a los más mínimos controles judiciales y patrimoniales. Durante los últimos años me he dedicado a documentar de manera pública cómo lograr que la transición democrática se traduzca en instituciones relativamente efectivas de control con un Estado de derecho y democráticamente pactadas —más allá de acuerdos mafiocráticos como el llamado Pacto por México—.

Los actores políticos (senadores, diputados, gobernadores y hasta los mismos presidentes) deben contemplar primero que pagarán un alto costo personal y político si no se autoinstituyen controles regulatorios a sus propios delitos patrimoniales político-electorales. Los Zetas han logrado explotar con gran eficacia estos vacíos de Estado y sustituir a la autoridad legal para expandirse a por lo menos 34 países tomando a México como trampolín.

Condiciones de inseguridad similares e incluso peores a las que hoy vive México se produjeron en países como Colombia, Italia e Indonesia, donde sus élites político-empresariales en transición sintieron en carne propia que el vacío de reglas de Estado que les había permitido acumular riquezas incalculables podría causarles un efecto boomerang de violencia y descontrol que devoraría sus vidas y capitales políticos y económicos ilegalmente acumulados. En Italia, por ejemplo, esas élites político-empresariales terminaron por institucionalizar al país hacia una democracia; no tenían otra salida. La violencia focalizada en los mismos miembros de la élite generó una inmensa presión internacional y de la sociedad civil en las calles. Ninguno de estos catalizadores de reformas sociopolíticas se presenta aún en México.

Por lo que atañe a la administración de Peña Nieto, aún se encuentra entrampada en la herencia funesta de sus últimos dos predecesores. Hasta ahora sólo se escuda en una cortina de humo mediática —dentro y fuera del país— que, aun cuando es más efectiva que la de sus predecesores, sus indicadores para evaluar su supuesto "éxito" en controlar a grupos criminales se focalizan en determinar si los homicidios dolosos aumentan o disminuyen. Sin embargo, para evitar este fraude mediático debe tenerse en cuenta que los homicidios dolosos ligados a los 22 tipos de delitos económicos organizados aún no son judicialmente investigados en su mayoría; por ende, no puede calcularse si los homicidios mafiosos realmente bajan o suben.

Además, debe recordarse también que los homicidios mafiosos siempre se reducen de manera significativa cuando los grupos criminales se consolidan en sus territorios y los dividen de manera más "organizada" para fortalecer su poder económico ante un Estado que negocia con ellos en un proceso de *pax* mafiosa. En México solamente bajarían las tasas de homicidios en algunas regiones si se produjese un proceso de *pax* mafiosa y no porque mejoren las instituciones judiciales o de prevención. Al fin y al cabo, el único resultado que cuenta a la hora de contener a grupos criminales transnacionales es la reducción consistente en las frecuencias de los 22 tipos de delitos económicos organizados, los que hoy continúan en aumento, según las encuestas de victimización de ciudadanos.

En este marco de vacío total de estrategia de seguridad humana, es muy factible que en los próximos meses la estructura organizacional de Los Zetas sea fracturada en beneficio de la organización de Sinaloa y sus aliados. Y aunque el índice de homicidios disminuya, si el Estado no instrumenta controles patrimoniales ni judiciales, proliferarán lo fragmentos de *zetitas* y conducirán a una mayor expansión de delitos patrimoniales atomizados bajo organizaciones criminales con otros nombres. En el balance de cosas, la población civil mexicana, que sufre desde hace años de un conflicto armado, continuará siendo azotada por la violencia y la corrupción de Estado.

Ricardo Ravelo es el primer autor que con originalidad y valentía ha abordado la expansión económico-política y criminal de Los Zetas, todo en el marco del *impasse* histórico político y criminal que esbozo en este prologo. Esta nueva obra de Ravelo se suma a su magnífica trayectoria profesional —sobre todo por la riqueza periodística que lo ha caracteriza durante décadas— para así esclarecer y proyectar un panorama de Los Zetas hacia futuro. Sin lugar a dudas, *Zetas. La franquicia criminal*, es una lectura indispensable para quien desee comprender la evolución del mapa criminal mafioso del Estado mexicano actual.

Primera parte

LA HISTORIA

1
La guerra perdida

Se desata la carnicería

En el sexenio de Felipe Calderón, la esperanza revivió y murió al mismo tiempo. El diagnóstico que había recibido el nuevo presidente de México en 2006, cuando asumió el poder presidencial, era claro y contundente: las redes del narcotráfico habían penetrado las estructuras de gobierno, se apoderaban del control policiaco, de buena parte de los gobiernos municipales, estatales y de las calles del país, hasta convertirlas en campo de batalla para ajustar sus cuentas.

El presidente intentaba nuevos rumbos en el combate al crimen organizado. Le pesaba el estigma de haber alcanzado el poder mediante un fraude electoral y estaba obligado a capturar a Joaquín Guzmán Loera, *El Chapo*, jefe del cártel de Sinaloa —como una medida para sanear la imagen del panismo en el poder— que en 2001 había recuperado su libertad mediante un largo y bien maquinado plan de "fuga"—. Lo cierto es que con respecto a esa escape surgieron versiones de que durante el gobierno de Vicente Fox al capo se le dejó en libertad mediante un descomunal pago cifrado en muchos millones de dólares. Al mismo tiempo que Felipe Calderón tomó posesión como presidente y se aprestaba a consolidarse en el poder, el líder del cártel de Sinaloa afianzaba su empresa criminal en más de 50 naciones del mundo. Hoy sigue intocable.

El diagnóstico sobre el crimen en el país en 2006 establecía como conclusión la urgencia de lanzar una nueva estrategia de combate al crimen organizado. La información puntualizaba que los cárteles se habían atomizado, y por todas partes se desataban escaramuzas a balazos, los muertos se multiplicaban y la denominación de "Estado fallido" cobraba más sentido cuando el propio gobierno federal no daba muestras de contar con capacidad de respuesta frente a las violentas andanadas de las bandas criminales. La palabra de Calderón carecía de sentido y el discurso oficial estaba en pleno descrédito. Como nunca en la historia moderna, la imagen del titular del poder ejecutivo tocó fondo. Nadie creía en él. Su empecinamiento en lanzar y sostener una guerra a pesar de sus resultados negativos, lo mostraron como un personaje insensible que desoía consejos y sugerencias. Arrogante, se sentía dueño de la verdad y su terquedad terminó por hundirlo. Al final de su mandato, la figura presidencial quedó reducida a una sombra desdibujada. La realidad terminó por imponerse frente a los desatinos del presidente y de las fuerzas armadas.

Al arranque de su administración, Felipe Calderón ya tenía enfrente un escenario oscuro e inició la guerra contra el narcotráfico. Para ello, echó mano de la facultad que le otorga la Constitución al presidente de la República, la de comandante en jefe de las fuerzas armadas. Calderón utilizó al Ejército contra el narco, pero el veneno letal de su poder corruptor también alcanzó hasta a los militares de más alto rango. En 2006 Felipe Calderón comenzó el combate al narcotráfico en su tierra natal, Michoacán —ejemplo hasta ahora de ingobernabilidad— mediante operativos policiacos y militares. Todo fue un fracaso.

En ese entonces, las principales rutas del país eran disputadas por seis cárteles: Sinaloa, Juárez, Tijuana, Beltrán Leyva, Golfo, y Los Zetas (que comenzaban a independizarse). Meses después de iniciada la guerra, justamente en Michoacán, irrumpió en el escenario nacional La Familia Michoacana, un nuevo cártel conformado por miembros disidentes de los Zetas que originalmente se autodenominó "La empresa" y que comenzó a purgar el territorio michoacano para entronizarse como la única organización "que daba empleo" y se proponía cuidar a la gente no vendiendo "hielo" (*ice*) sino cocaína de buena calidad para cuidar la salud de los consumidores. Sus operaciones fueron conocidas a partir de sendos desplegados periodísticos en los que, como cualquier empresa legal, anunciaban: "Ya estamos aquí y queremos salvar al estado dándole seguridad. Atentamente: La empresa Familia Michoacana".

El efecto dañino de la violencia cobró fuerza tan pronto el Ejército mexicano pisó tierras michoacanas. Los grupos criminales que operaban en ese estado pronto huyeron hacia Jalisco, Guerrero, Morelos, Puebla, Veracruz, Tabasco, Hidalgo y Querétaro, provocando una oleada de violencia nunca antes vista en México desde las batallas de la Revolución mexicana.

Lo que se desataba en el país era una verdadera carnicería humana. Por doquier brotaban las balaceras. Convoyes de gente armada abrían fuego en contra de rivales en bares, restaurantes y todo tipo de lugares públicos donde se encontrara algún enemigo. A cualquier hora del día o de la noche, el narcotráfico desafiaba al Estado: bombardeaban una comandancia de la policía, penetraban con violencia a un penal estatal y liberaban a sus secuaces, se enfrentaban al Ejército y a la Marina. La sangre comenzó a escurrir con la misma celeridad que las Fuerzas Armadas avanzaban tomando el control de los estados en crisis, aunque en realidad lo que ocurría era que la violencia se exacerbaba aún más. Felipe Calderón desató la barbarie generalizada.

A una acción militar, el narco respondía con ejecuciones tumultuarias. No había diferencias entre el ataque militar y el del narco y, por momentos, los oficiales del Ejército parecían rebasados ante el poderío del crimen. Por todas partes aparecían cuerpos sin piernas, sin brazos, sin lengua, sin ojos, sin órganos genitales, con rollos de dólares en la boca, con los testículos colgando o quemados con sopletes. Fue todo un deporte nacional ver a sujetos colgados en los puentes y con *narcomensajes* escritos en cartulina o en mantas que por largas horas libraban una dura lucha contra el viento. Quien se acercaba venciendo el miedo y aguijoneado por la curiosidad, bien claro podía leer: "Esto les pasa a los traidores", "Para que se enseñen a respetar".

Las decapitaciones se pusieron de moda. En las comandancias policiacas amanecían bolsas negras con restos humanos. Una cabeza en algún ayuntamiento, en la puerta de algún periódico crítico, un reportero degollado y mutilado de las manos; un soplón sin lengua o un intruso que se metiera con la amante de un capo, era común verlo muerto con el pene destrozado y los testículos reventados a golpes. Y sobre los despojos, la cartulina de rigor: "Para que ahora te vayas a coger a tu chingada madre".

En el norte del país, particularmente en los estados de Durango, Coahuila, Chihuahua y Sinaloa se libraban férreas batallas por el control de las rutas de la droga. El choque más fuerte lo protagonizaron los cárteles de Juárez y Sinaloa. En la Comarca Lagunera, Los Zetas, el cártel de Sinaloa y la organización Beltrán Leyva se enfrascaron en tremenda lucha por esos territorios, en tanto que en Michoacán —puerta de oro hacia el Pacífico— La Familia Michoacana y Los Caballeros Templarios sumieron a esa entidad en el desgobierno.

Tamaulipas y Nuevo León se convirtieron en otro corredor de la muerte y pasaron a ser estados sin ley. Todo estaba bajo el control del cártel del Golfo y de Los Zetas, que se convirtieron en amos y señores de esa región y cuyos tentáculos alcanzaron, según investigaciones realizadas en Estados Unidos, a los entonces mandatarios tamaulipecos Tomás Yarrington y Eugenio Hernández, quienes a la postre fueron investigados por lavado de dinero, enriquecimiento inexplicable y por sus presuntamente vinculados al narcotráfico, parecían inminentes candidatos a la cárcel. El regreso del PRI al poder en 2012, les salvó el pellejo. Por lo visto, en el gobierno de Peña Nieto sólo la impunidad los puede mantener libres.

En 2012 Nuevo León se incendió por la violencia. Le siguió Jalisco, estado vecino de Michoacán, la tierra de nadie. La crueldad e impunidad de la delincuencia organizada quedó evidenciada en Nuevo León en mayo de 2012 y en los meses sucesivos cuando Los Zetas pusieron en jaque al gobierno que encabeza Rodrigo Medina de la Cruz, un político que se vio sacudido por sus desatinos políticos.

Hacia mayo de ese pasado, las ejecuciones en esa entidad del septentrión mexicano ya sumaban 670. La cifra aumentó en forma escandalosa cuando un grupo armado, al parecer Los Zetas, arrojaron 49 torsos, entre ellos los de seis mujeres, en un paraje cercano a la carretera libre Reynosa-Cadareyta. Antes, el horror ya había hecho acto de presencia: entre el 22 y el 24 de julio fueron hallados 51 cuerpos en nueve fosas localizadas en un poblado aledaño al fraccionamiento Las Águilas, en Juárez. Y esto no fue todo: otro acto macabro de la delincuencia se sumó el 19 de febrero de 2012 cuando las autoridades penitenciarias de Nuevo León —coludidas con el narco— no pudieron evitar el asesinado de 44 presos en el interior de la cárcel y la posterior fuga de otros 37, de los cuales dos murieron y sólo 12 fueron recapturados.

Pero el caso de los 49 torsos fue uno de los hechos con mayor impacto. Fueron arrojados en la vía pública. El Ejército realizó el hallazgo en el acotamiento del lado norte, a un costado de un puesto de inspección de la Sagarpa, en el entronque que conduce a la comunidad de San Juan, frente al rancho La Espuela. Un área de un kilómetro fue acordonada para recoger los despojos humanos. Nueve horas después del descubrimiento, Jorge Domene, vocero de seguridad del gobierno de Nuevo León, adjudicó el hecho a Los Zetas, con base en un supuesto narcomensaje que ese cártel dejó en un lugar cercano.

Las palabras de Domene se publicaron en todos los diarios: "Se tiene la contabilización de 49 cuerpos, de los cuales 43 son del sexo masculino y seis del femenino; se encuentra también el hallazgo de una manta alusiva en donde se ostenta que los que perpetraron este hecho es autoría de la banda de Los Zetas". Y en efecto, los soldados y la policía estatal descubrieron en el lugar una pinta de aerosol que decía "Z-100%" en el arco de entrada a la citada comunidad".

Los despojos humanos fueron llevados al Servicio Médico Forense donde médicos especialistas enfrentaron una ardua batalla por reconstruir los cuerpos, tomar muestras de ADN y realizar las necropsias con el fin de identificar a las personas asesinadas y descuartizadas. Las autoridades sostuvieron la tesis, al principio, de que se trataba de personas de otros estados que fueron asesinados dos días antes del hallazgo y que fueron arrojadas en Nuevo León.

Los estudios realizados a los restos permitieron acercarse un poco al mundo criminal de los occisos: entre doce y catorce de los torsos mostraban tatuajes alusivos a la Santa Muerte. El vocero Domene también detalló que los restos no tenían líquidos y por el tiempo que tenían sin vida ya no resultaban útiles algunos órganos que servirían para tomar algunas muestras. Y añadió más detalles: "No hay rostros ni extremidades (brazos y piernas) que nos puedan dar huellas dactilares y poder tener información más rápida y más contundente".

Al no haber datos que condujeran a las autoridades a la identificación de las personas asesinadas, el gobernador Rogelio Medina solicitó apoyo de la Procuraduría General de la República (PGR), para indagar si las personas muertas eran de otros estados. Y luego supuso: "Pueden ser migrantes y este caso es el reflejo de lo que pasa a nivel nacional por la lucha entre cárteles por las rutas de la droga".

La pesadilla siguió en Jalisco. Después de la muerte de Ignacio *Nacho* Coronel, en 2010, el estado se convirtió en un territorio de ajustes de cuentas, balaceras y "levantones", sacudidas que en buena medida también impactaron a Guerrero, Michoacán, Morelos y el Estado de México, entidades disputadas por los cárteles del Golfo, Sinaloa, Familia Michoacana y Los Zetas.

La pax *mafiosa*

La diversificación de actividades del narcotráfico —en realidad se sabe que los cárteles y muy particularmente Los Zetas operan con 24 tipologías delictivas— provocó que las estructuras policiacas del país se dividieran. Algunos cuerpos de seguridad se vincularon en la protección de las alas de secuestradores; otros se ligaron a las del narcomenudeo, otras más comenzaron a operar como protectoras del tráfico de personas y del contrabando o piratería y así cada actividad delictiva necesitó disponer de su propia policía. Esto derivó en que los responsables del orden terminaran operando como un cártel más en el país.

En el estado de Hidalgo, por ejemplo, como en otras entidades, salieron a flote las complicidades políticas con el narcotráfico. En la entidad que gobernó Miguel Osorio Chong, actual secretario de Gobernación, Los Zetas sentaron sus reales con el respaldo de la policía local y de algunas autoridades municipales. En realidad, en tierras hidalguenses se tejió una amplia red de protección a los Zetas al más alto nivel.

Para ello, hubo de todo: financiamiento de campañas políticas, ligas entre grupos priistas y tráfico de drogas, así como una amplia rotación de funcionarios públicos (en su mayoría policías, agentes del Ministerio Público y delegados de la Procuraduría General de la República) que fueron parte de los engranajes que favorecieron "los intereses del narcotráfico", según consta en una denuncia de hechos que en 2010 fue presentada ante la PGR para su investigación por parte de un grupo que se autodenominó Grupo Ciudadano Hidalguense (GCH).

El documento de 61 páginas, involucró en el presunto apoyo a Los Zetas al ex procurador de justicia militar y ex procurador General de la República, Rafael Macedo de la Concha; al entonces gobernador, Miguel Osorio Chong y también a Francisco Olvera Ruiz —actual gobernador de Hidalgo—, quien en ese tiempo había dejado la presidencia municipal de

Pachuca y se perfilaba como fuerte aspirante a la gubernatura de su estado. De igual forma están señalados en el documento decenas de funcionarios estatales y federales que entre 2010 y 2011 presuntamente le brindaban protección al jefe de Los Zetas, Heriberto Lazcano Lazcano, a quien la versión oficial declaró muerto en octubre de 2012, en Coahuila.

En la denuncia de hechos —que luego sirvió para integrar la averiguación previa PGR/SIEDO/UEIDORPIFAM//185/2010— se menciona, por ejemplo, que Francisco Olvera Ruiz recibió en el año 2008 unos 30 millones de pesos, presuntamente de Los Zetas, para el financiamiento de su campaña a la alcaldía de Pachuca; que Eduardo Osorio, hermano del entonces gobernador, Miguel Osorio, se vinculó al negocio del lavado de dinero junto con el ex secretario de Agricultura, Miguel Sánchez.

El GCH estableció en su denuncia que el objetivo de poner en manos de la PGR dicha denuncia de hechos es que se conozca y se investigue "la dicotomía poder político-narcotráfico en el estado de Hidalgo y que se conozca toda la información con la que contamos respecto a la situación de la narcopolítica".

Al detallar su denuncia, el GCH señala que el ex procurador Rafael Macedo de la Concha y el (entonces) líder de Los Zetas, Heriberto Lazcano Lazcano, tejieron un acercamiento debido, en principio, a que ambos son originarios del estado de Hidalgo.

A partir de ese acercamiento —explica el documento— comenzaron a moverse las piezas en varias entidades del país para proteger a Los Zetas. Se cita como ejemplo el hecho de que, cuando Alfonso Navarrete Prida (ex procurador de Justicia el estado de México) y actual secretario del Trabajo fue investigado en el sexenio de Vicente Fox por la presunta venta de plazas en la PGR para favorecer al cártel de Juárez, el personaje clave para su exoneración fue Jorge Frías Vázquez, quien le dio una salida decorosa de la institución.

Tiempo después, Frías Vázquez fue secretario particular de José Alberto Rodríguez Calderón, ex procurador de Hidalgo durante el gobierno de Osorio Chong, y es señalado en la denuncia como presunto protector de Los Zetas en esa entidad. Y se añade otro dato: "Frías Vázquez cumple con una función toral en la protección institucional en el estado de Hidalgo a las actividades de narcotráfico que la organización criminal Los Zetas desarrolla. El vínculo de Jorge Frías con este grupo delictivo se estableció en el estado de Guerrero cuando se desempeñaba como subdelegado de la PGR, bajo el mando del entonces delegado José Alberto Rodríguez Calderón", el ex procurador hidalguense.

En la lista de policías de alto nivel que fueron señalados como parte de la red protectora de Los Zetas está Raúl Batres, quien fue delegado regional de la desaparecida AFI (Agencia Federal de Investigación) en Hidalgo "a petición del cártel del Golfo". El objetivo, de acuerdo con la denuncia, era claro: "Brindarle protección a Los Zetas".

Batres y el exgobernador Miguel Osorio coincidieron en el estado de Sinaloa en 2004: el primero era delegado de la PGR y el ex mandatario y actual secretario de Gobernación era funcionario del Instituto Mexicano del Seguro Social. Quien los presentó fue Federico Vera, "hombre de confianza" de José Francisco Olvera Ruiz, actual gobernador de Hidalgo.

La denuncia del GCH ahonda en otros detalles sobre esta red de narcopolítica en Hidalgo: *Raúl Batres se incorporó a la comandancia regional de Hidalgo en el mejor de los ambientes.* Contaba con el respaldo de *José Francisco Olvera Ruiz en la secretaría General de Gobierno* (cargo que desempeñó antes de ser alcalde de la ciudad de Pachuca), *con el de José Alberto Rodríguez Calderón al frente de la Procuraduría General de Justicia del estado y con Marcos Manuel Souberville González, quien fungió como secretario de Seguridad Pública.* Este último fue ejecutado en el año 2009 presuntamente por el narcotráfico.

Según consta en la denuncia de hechos y en la indagatoria PGR/SIEDO/UEIDORPIFAM/185/2010, a través de Raúl Batres, en la AFI (La policía federal que manejaba Genaro García Luna), se establecieron los pactos con la organización criminal Los Zetas y todo se concretó a través de la interacción de esa dependencia con el grupo criminal. Otra pieza clave en la protección de esa organización, según la averiguación previa citada, fue el entonces procurador José Alberto Rodríguez Calderón. Dicho nombramiento se lo debe a Eduardo Osorio, hermano del actual secretario de Gobernación, Miguel Osorio".

Rodríguez Calderón es identificado como "un aliado" del ex procurador General de la República, Rafael Macedo de la Concha: fue delegado de la PGR en Guerrero en el año 2003, donde se relacionó con la organización de los hermanos Beltrán Leyva, en ese momento aliados del cártel de Sinaloa, que encabeza Joaquín Guzmán Loera.

Las ligas de funcionarios públicos con el crimen organizado ha estado marcada por la muerte entre paisanos hidalguenses en posiciones encontradas: unos como aliados del narco, otros como investigadores de la PGR. Ejemplo de ello fue el secuestro y tortura del agente del Ministerio Público Federal, Gustavo Flores Delgado, en mayo de 2005, en Acapulco, Guerrero, cuando realizaba una investigación en contra del cártel de los hermanos Beltrán Leyva.

Flores Delgado estaba bajo las órdenes de su paisano José Alberto Rodríguez Calderón, con quien "convino los términos de la operación en Acapulco". Sin embargo, se habría enterado de que se pretendía favorecer al cártel del Golfo y su fuerte aliado en aquel tiempo, Los Zetas. La venganza no se hizo esperar: un grupo armado secuestró a Gustavo Flores y lo torturó brutalmente. La denuncia que obra en poder de la PGR narra lo que sucedió después:

El entonces delegado de la PGR en Guerrero, Jorge Frías, no consiguió ganarse la confianza de Los Zetas. En 2006 fue nombrado subdelegado de Procedimientos Penales de la PGR en Tamaulipas, donde sufrió un atentado junto con Rocío Vega, agente del Ministerio Público Federal. Según el documento, Frías salvó la vida por la intermediación de Rodríguez Calderón, pero ambos debieron pagar el precio:

> *Los Zetas han perdonado a Frías Vázquez. Para que hubiera duda de la incondicionalidad de Jorge Frías con la organización criminal Los Zetas, el 22 de octubre de 2009, el procurador de justicia de Hidalgo, José Alberto Rodríguez Calderón, con la anuencia del gobernador Osorio Chong y de su hermano Eduardo, contando con el acuerdo de Francisco Olvera* (entonces se daba como un hecho que sería gobernador), *Jorge Frías fue nombrado por Olvera secretario particular.*
>
> *A la fecha, no ha habido queja del grupo delictivo Los Zetas respecto del trabajo del nuevo secretario particular. El atentado que sufrió Jorge Frías fue un gran ejemplo para que Rodríguez Calderón corrigiera el camino jurando lealtad a un solo grupo delictivo, a Los Zetas. Y es que José Alberto Rodríguez había estado acostumbrado a pactar con unos y con otros. Así ocurrió, igualmente, durante su estancia como delegado de la* PGR *en el estado de Durango, situación que derivó, como era de esperarse, en disputas entre diversos grupos dedicados al narcotráfico por el control de la plaza.*
>
> *De esta forma se involucró con los capos del narcotráfico más importantes como Ignacio Coronel (abatido en Jalisco por el Ejército), del cártel de Juárez* (después pieza clave de Sinaloa, hasta su muerte), *quien resultó beneficiado con la protección institucional que le brindaron Rodríguez Calderón y José Campos Murillo, ex procurador de Justicia de Durango y ex subprocurador General de la República* en tiempos de Rafael Macedo de la Concha.

Tras la demagógica y fallida guerra de Calderón, en México ya operan 14 cárteles. Y todos están bien afianzados debido, entre otras razones, a que sobrevivieron a la guerra porque nunca fueron golpeadas sus finanzas y porque supieron sortear los embates militares con alianzas y estrategias empresariales.

Actualmente en México operan los cárteles de Sinaloa (el más poderoso del mundo, sin duda); Juárez, Tijuana, Golfo, Beltrán Leyva, cártel del Pacífico Sur, La Residencia, el cártel de Guadalajara Nueva Generación, La Familia Michoacana, Los Caballeros Templarios, La Familia Díaz Parada, Los Matazetas, La Mano con Ojos y Los Zetas.

El primero y el último —Sinaloa y Zetas— son los más aventajados dentro del mapa criminal mexicano: ambas organizaciones criminales tienen amplios dominios en Centro y Sudamérica. Sinaloa está afincado en Estados Unidos, Europa y parte de África, en tanto que Los Zetas, que fueron reconocidos por la Drug Enforcement Agency (DEA, por sus siglas en inglés) como cártel apenas en 2007, ya controlan veinte estados del país y sus tentáculos llegan al Valle de Texas y son ampliamente conocidos en Italia, España, Portugal y Reino Unido. En los últimos años el narcotráfico se reposicionó dentro como fuera de México a tal punto, que en la actualidad ya son parte de la Historia los cárteles colombianos y la violencia de alto impacto que llegó a sacudir al país sudamericano durante los años más aciagos de su historia.

Gracias a la guerra de Calderón, los cárteles mexicanos alcanzaron tanto poder y presencia en el continente latinoamericano, que en buena medida, junto con Sinaloa, Tijuana y La Familia Michoacana, controlan el transporte de drogas que se mueve desde Colombia, Panamá, Costa Rica, Guatemala y México. Los colombianos se conformaron con el suministro de estupefacientes, el cual es muy boyante y no está empañado por la violencia, pues el Estado colombiano logró hacerse del control del país, después de la crisis que lo sacudió en los años ochenta y noventa, y hoy es el más claro ejemplo de cómo el negocio del narcotráfico puede florecer con paz social y estabilidad económica en un Estado fortalecido que sabe jugar muy bien el rol de cómplice.

De acuerdo con el investigador Edgardo Buscaglia, amplio conocedor y estudioso de las mafias en el mundo, en México no sólo se cayó en lo que él llama "Estado fallido" sino que, con el PRI y Enrique Peña Nieto en el poder, México avanza aceleradamente hacia el Estado mafioso, algo parecido a lo que actualmente vive Rusia bajo el control de hierro de Vladimir Putin.

Con Enrique Peña Nieto no habrá combate al narco sino negociación, dice Buscaglia, pues el nuevo gobierno apuesta a bajar los niveles de violencia mediante acuerdos —una *pax* mafiosa— que mostrará ante los ojos de la sociedad el espejismo de un país pacificado en las regiones donde los cárteles han consolidado su poder.

Lo que afirma Buscaglia encuentra eco en la realidad. El caso más escandaloso ocurrido en los primeros ocho meses del gobierno es la osadía de liberar a Rafael Caro Quintero, el capo más poderoso en la década de los setenta y ochenta. Los magistrados del Segundo Tribunal Unitario y del Tercer Tribunal Colegiado en Materia Penal consideraron —después de 28 años— que la autoridad que procesó a Caro Quintero por la muerte del ex agente de la DEA, Enrique Camarena Salazar, carecía de facultades para ello. En realidad —dijeron—, era el Ministerio Público del Fuero Común la autoridad responsable para tal efecto. Por ello, dejaron en libertad al capo en lugar de ordenar la reposición del procedimiento.

Los magistrados tampoco revisaron ni solicitaron información a la PGR respecto de si Caro Quintero era solicitado en extradición por otro país para ser juzgado, aunque se supo después de que ya estaba en la calle que Estados Unidos lo requería desde hacía tiempo y la PGR adujo desconocer si había dicha solicitud de extradición. Tras su liberación, el gobierno de Estados Unidos le ordenó al de México recapturar al narcotraficante, para extraditarlo.

Caro Quintero, según los alegatos de su defensa, es un hombre senil que ha sufrido infartos, que está casi ciego y sufre serios problemas cardiacos, pues las arterias de su corazón están obstruidas casi en un 80%. La edad y sus padecimientos postraron al otrora poderoso capo.

Otro caso —que ilustra que en este sexenio la justicia se imparte por igual para ricos y capos— es el de Raúl Salinas de Gortari, el *hermano incómodo*, quien fue absuelto del delito de enriquecimiento inexplicable. Acusado de todo —homicidio, narcotráfico, lavado de dinero y enriquecimiento ilícito— Raúl libró todas las batallas legales en más de 17 años. El último delito que aún pesaba en su expediente era el de enriquecimiento ilícito, que fue investigado por la PGR y hasta se dijo que tanto él como su hermano Carlos, se enriquecieron en buena medida porque sustrajeron los fondos de la partida secreta que manejaba Carlos Salinas de Gortari, cuando fue presidente de México.

2
El Ejército al servicio del narco

De fuerzas especiales a gatilleros

En 1996, el cártel del Golfo se quedó sin jefe, cuando cayó en desgracia Juan García Abrego, quien duró un sexenio al frente de esa organización criminal: de 1988 a 1994, justamente el periodo en que gobernó el país Carlos Salinas de Gortari, uno de los principales beneficiarios del regreso del PRI a la presidencia de la República en 2012.

En aquel momento de sacudidas, enfrentamientos y matanzas, quienes se perfilaban para dirigir ese cártel fundado por Juan Nepomuceno Guerra, eran Osiel Cárdenas Guillén y Salvador Gómez Herrera, *El Chava* Gómez, ambos considerados como los más sanguinarios que han existido en el narco mexicano. A los dos se les recuerda como traidores, *mata amigos* y con una ambición sin límites por el poder y el dinero.

Después de sortear serios embates, Osiel Cárdenas toma el control del cártel entre 1996 y 1997. No llegó a la cima de la organización con sus manos limpias. Para lograrlo tuvo que asesinar a Gómez Herrera. Por aquellos tiempos, uno de los hombres más cercanos a Osiel era Arturo Guzmán Decena, a la postre llamado *El Z-1*, pues fue el principal reclutador de militares en activo para fundar el cerco protector del cártel del Golfo conocido como Los Zetas. El nombre proviene de la base en la cual operaba Guzmán Decena: la base "Z" de la policía federal en Tamaulipas.

La forma en que Osiel mató a Gómez Herrera, según diversos testimonios judiciales, fue aparentemente sencilla: Gómez Herrera se encontraba en Tuxpan, Veracruz. Osiel estaba enclaustrado en un rancho de Jalisco, a donde se fue a descansar después de haberse sometido a una cirugía plástica para partirse el mentón y hacerse una liposucción estética. El capo quería lucir bien alineado ante las mujeres.

La historia de este suceso establece que Osiel convocó a Gómez Herrera para charlar en un lugar de Matamoros, Tamaulipas. Tan pronto llegó, se reportó con Osiel y pasaron por él. Al volante iba Osiel y en la parte trasera Arturo Guzmán Decena. Cuando los tres comenzaron a bromear y sonreían a carcajadas, Guzmán Decena sacó su pistola y se la vació en la cabeza a Salvador Gómez Herrera, quien murió instantáneamente. Su cuerpo se escurrió hacia la ventanilla y su rostro ensangrentado mantuvo el mentón rígido, con la sonrisa congelada mirando a la muerte.

De esa manera, Osiel se entronizó en el cártel del Golfo, aunque para él no era suficiente alcanzar el poder. Ahora necesitaba protección y no solamente oficial. Es por ello que se hizo de los mejores hombres que había preparado el Ejército Mexicano para enfrentar emergencias en el país y los puso a su servicio, un hecho sin comparación en la historia mafiosa del país.

La historia de Los Zetas comenzó en el gobierno de Ernesto Zedillo Ponce de León —1994-2000— cuando la estrategia de seguridad e inteligencia nacional se reforzó con elementos del Ejército Mexicano. El trabajo de la Policía Federal no sólo resultaba insuficiente, sino que había signos muy claros de que las corporaciones policiacas estaban infiltradas y corrompidas. Por ello, el entonces presidente Zedillo decidió integrar a altos mandos militares en la llamada Fiscalía Especializada para la Atención de Delitos contra la Salud (FEADS).

Del Ejército salieron numerosos elementos que trabajaban en el Grupo Aeromóvil de Fuerzas Especiales (GAFE), quienes reforzaron las tareas de seguridad en el país; también las delegaciones de la PGR en toda la República fueron apuntaladas por altos mandos militares, desde generales hasta coroneles, a fin de lograr poner un freno a la violencia y al avance los cárteles, que por aquellos años ya era vertiginoso.

Sin embargo, en la medida en que el gobierno federal reacomodaba sus piezas para impedir el avance del narcotráfico, otro plan se urdía en el cártel del Golfo: Osiel Cárdenas Guillén instruía a Arturo Guzmán Decena para que le conformara un grupo de élite, un cerco protector lo suficientemente poderoso que garantizara su seguridad personal. Fue así como Guzmán Decena comenzó a reclutar militares, la mayoría de ellos compañeros y/o conocidos suyos del Ejército, que desertaron de las filas castrenses para incorporarse al cártel del Golfo. Los primeros en conformar al llamado grupo de "Los Zetas" estaban al servicio de la FEADS y poco a poco fueron desapareciendo de sus respectivas áreas de trabajo.

De buenas a primeras ya no se presentaban a trabajar y en su momento no se hizo reporte alguno sobre su paradero. Tiempo después, los órganos de inteligencia del gobierno federal ubicaron a estos personajes dentro del cártel del Golfo: eran la guardia pretoriana de Osiel Cárdenas, quien se había impuesto a sus enemigos y ahora era el nuevo jefe del cártel del Golfo.

Los Zetas comenzaron a operar como un cerco protector y estaban dotados de varias capacidades: tenían armamento de alto poder, eran expertos en intervenir comunicaciones, en tácticas de contrainteligencia y en asalto a cuarteles enemigos: habilidades estratégicas diseñadas para la guerra. En pocas palabras, cuando el Ejército Mexicano se enfrentaba a este grupo, estaba en igualdad de circunstancias. El Ejército contra el Ejército.

Según los hombres cercanos a Osiel, la solicitud para crear este grupo armado y ponerlo a su servicio, era el más claro signo del miedo que tenía de ser asesinado por sus enemigos. El temor a morir, cuentan, era atroz: el jefe del cártel del Golfo no dormía por el efecto de la cocaína, a la que era adicto, y por el temor de ser traicionado. Cuando transcurrían algunas semanas sin dormir finalmente caía exhausto pero se acostaba vestido por si tuviera que salir huyendo, saltando bardas y techos.

Entre 1997 y 2003, Los Zetas llegaron a ser considerados un grupo paramilitar al servicio del narcotráfico. Ningún cártel de México ni de América Latina contaba con un grupo de estas capacidades, pues la mayoría seguían operando con sicarios provenientes de la delincuencia común, a la vieja usanza.

Esto le permitía al cártel del Golfo considerable ventaja sobre sus enemigos, pues cuando Los Zetas actuaban, generaban terror. Pronto se caracterizaron por ser los más sanguinarios y temidos, pues cuando ejecutaban a sus rivales solían hacerlo con derramamiento de sangre. Luego convirtieron sus prácticas de muerte en un instrumento de terror: decapitaban a sus víctimas y hacían rodar las cabezas en lugares públicos o bien utilizaban los despojos como elementos para enviar mensajes de muerte, tanto a las autoridades como a periodistas.

Los Zetas irrumpieron muy pronto en el escenario criminal con su particular sello de muerte. También fueron los primeros, junto con el cártel del Golfo, en diversificar sus actividades criminales. No existe otro cártel en México tan versátil como Los Zetas y que domine tantas actividades ilícitas, pues en poco tiempo —una década— Los Zetas incorporaron a sus tareas delictivas 24 actividades ilegales y fortalecieron sus estructuras, al controlar los secuestros, el tráfico de personas, la piratería, la trata de personas, la venta de "protección", el cobro de impuestos a negocios, entre otras.

Tales giros cobraron mayor auge a partir del año 2003, después de que cayó en desgracia Osiel Cárdenas. Tras su captura, Los Zetas se quedaron a la deriva: sin jefe, perseguidos y sin un escenario claro de lo que seguía para la organización. El gobierno de Vicente Fox había iniciado el programa *México Seguro* de la mano del Ejército, cuyos efectivos irrumpieron en Tamaulipas en varias ocasiones con sendos operativos para detener a los miembros del cártel del Golfo. Luego se sabría que estas intervenciones militares no asustaban a los criminales, pues mientras los operativos se realizaban en Tamaulipas y Nuevo León —feudos del cártel del Golfo— los accionistas de la empresa criminal se encontraban de vacaciones en Cancún y otros destinos de playa, para tomar un descanso. Cuando los operativos terminaban, los jefes del narcotráfico retornaban a la plaza, quitados de la pena.

La detención de Osiel, sin embargo, frenó en parte la marcha de la organización criminal, aunque no por mucho tiempo. Según el testigo protegido *Rufino*, mejor conocido en el cártel del Golfo como *Paquito* —era el asistente personal de Osiel Cárdenas— su jefe fue una presa difícil de ubicar y de aprehender. El Ejército le seguía los pasos, pero tan pronto ubicaban su paradero el jefe del cártel del Golfo desaparecía mágicamente.

Y es que Osiel Cárdenas, de acuerdo con *Paquito*, utilizaba 31 teléfonos celulares. Uno cada día. De esta manera difícilmente podía ser rastreado por parte de los instrumentos de intervención telefónica de la inteligencia militar.

El día que lo detuvieron —17 de marzo de 2003— Osiel cayó en la trampa que más temía: se quedó dormido. La noche anterior había festejado en la ciudad de Matamoros el cumpleaños de su hija mayor. Durante buena parte del día y de la noche departió con amigos y socios en medio de la música de mariachi y tríos. Bebió hasta el amanecer. Las autoridades militares y civiles ya sabían de este festejo, pues meses atrás le habían intervenido el teléfono celular a la festejada, a quien escucharon hablar con su padre sobre los pormenores de la fiesta.

El menú del día consistía en carne asada. Y los elementos de la PGR, a cargo del extinto fiscal José Luis Santiago Vasconcelos rastreaban al jefe del cártel del Golfo por el olor característico. No lograron ubicarlo. Fueron los elementos del Ejército Mexicano lo que pudieron arribar al lugar, hasta la mañana siguiente. A Osiel lo sorprendieron dormitando por el cansancio. Cuando irrumpieron los militares, salió corriendo.

Efectivamente, saltó la barda y brincó por los techos aledaños, pero toda la cuadra estaba acordonada, de tal suerte que no pudo volver a evadir a sus captores.

La captura de Osiel Cárdenas se convirtió en un logro y en una pesadilla a la vez. Vicente Fox, el presidente que sucumbió a la corrupción cuando se propuso combatirla —eterna falsa bandera del panismo y la ultraderecha— festinó la detención y lo mismo hizo el gobierno norteamericano, ya que Osiel, según la DEA, se había convertido en una amenaza para la seguridad interna de Estados Unidos.

Pero las rejas de la prisión no fueron una limitación para Osiel. El capo siguió operando desde el penal de La Palma, donde todos los días atendía a la legión de abogados que lo defendía. Cárdenas Guillén llegó a tener más de 15 litigantes a su servicio, en los primeros meses de encarcelamiento, lo que le permitía mantenerse más tiempo fuera que dentro de su celda de castigo. Luego se sabría que esa era precisamente su estrategia: no permanecer encerrado. Sus charlas con los abogados, según se supo, en pocas ocasiones tenían que ver con el avance de su defensa legal: la PGR descubrió que Osiel utilizaba a los litigantes como correos, es decir, como mensajeros de la organización criminal, por lo que al menos uno de esos abogados, Juan Guerrero Chapa, fue acusado de narcotráfico y lavado de dinero, aunque nada le pudieron comprobar. El abogado, sin embargo, fue ejecutado en el mes de julio en Estados Unidos. Lo último que se supo de él es que estaba vinculado con una red de casinos.

El sucesor de Osiel no tardó en asumir el control del cártel del Golfo. Su nombre: Eduardo Costilla Sánchez, conocido como *El Coss*. Era el hombre de mayor confianza de Osiel y en él descansó la buena marcha de la organización criminal. Los Zetas, empero, no corrieron la misma suerte. Cuando menos en ese momento, pues pronto surgieron las pugnas por el control del cártel. Heriberto Lazcano Lazcano, el jefe de Los Zetas, comenzó a enfrentarse a Costilla Sánchez y el enfrentamiento fue escalando de nivel.

El escenario del grupo Los Zetas se descuadró con la caída del jefe: ya sin todos los controles en sus manos, el grupo Los Zetas se comenzó a dividir. Tiempo atrás había muerto Arturo Guzmán Decena en un enfrentamiento, y Heriberto Lazcano Lazcano, un militar de origen hidalguense, tomaba las riendas de la organización.

Justamente en esa etapa de transición es que Los Zetas se replantearon su futuro. Después de la detención de Osiel, Eduardo Costilla, el nuevo jefe del cártel del Golfo, comenzó a tener acercamientos con el cártel de Sinaloa, encabezado por Joaquín Guzmán Loera, *El Chapo*, quien pretendía hacer las paces con el grupo que por años había sido su principal opositor y propuso una alianza estratégica que por algún tiempo fue operada por Ignacio *Nacho* Coronel. Y Eduardo Costilla había aceptado negociar con el capo más poderoso del mundo. Para entonces habían transcurridos tres años de la captura de Osiel, quien en diciembre de 2006, poco después de que Felipe Calderón asumió la presidencia de la República, fue extraditado a Estados Unidos, pues se había convertido en un reo incómodo para el Estado mexicano.

La decisión de Costilla Sánchez irritó al jefe de Los Zetas, Heriberto Lazcano, quien ya tenía diferencias con Costilla, y se opuso a sellar una alianza con Guzmán Loera. Pero la decisión fue sometida a un consenso de todos los miembros de Los Zetas. Reunidos en un campo deportivo de Matamoros, Lazcano preguntó a los jefes de las *estacas* (así se les llama a las células de ese grupo criminal) si estaban de acuerdo en establecer una alianza estratégica con Sinaloa. La respuesta fue negativa y así comenzó a fracturarse aún más la relación entre Los Zetas y el cártel del Golfo. El brazo armado tomaba distancia.

Aún permanecieron en el cártel del Golfo hasta el año 2007. Después se dio a conocer que Los Zetas rompieron relaciones en forma definitiva con el cártel del Golfo, para independizarse. En ese año, el diario estadounidense *The Dallas Morning News* publicó un reportaje en el que anunciaba que en México ya había un nuevo cártel. La DEA había confirmado, a través de sus órganos de inteligencia, que Los Zetas dejaban de ser el perímetro militar que protegía al cártel del Golfo y ya estaban considerados un cártel bien organizado, poderoso y con una extraordinaria diversificación de actividades, lo que los hacía verdaderamente aptos para competir y ser temidos en el mundo del narcotráfico.

Las diferencias entre el cártel del Golfo y Los Zetas subieron de tono tras la ruptura entre ambos grupos por las disputas desde el 2008 de la plaza de Reynosa, Tamaulipas, una de las más codiciadas. Todo comenzó cuando Héctor Manuel Sauceda Gamboa, *El Karis*, se adueñó de la ciudad luego de que el ejército detuvo a varios cabecillas de Los Zetas, entre ellos, a Antonio Galarza Colorado, *El Amarillo* y Jaime Durán González, *El Hummer*. Pero pronto hubo venganza: el 17 de febrero de 2009, un grupo de Zetas encabezados por su jefe, Heriberto Lazcano, entró a Reynosa a disputar la plaza. Durante el enfrentamiento, el llamado *Karis* murió. Y ese día Los Zetas dieron las primeras muestras de su capacidad: mediante barricadas en entradas y salidas de carreteras y en calles estratégicas, secuestraron la ciudad durante casi cuatro horas de enfrentamientos con sus rivales, en cuyos hechos también participó el Ejército.

Y desde entonces no cesaron sus combates en Reynosa, Matamoros y Nuevo León, donde los pueblos quedaron vacíos. Pueblos fantasmas, les llaman, por el miedo que la gente enfrenta y por ello prefiere no salir de sus casas.

La diversificación

Los Zetas diversificaron sus actividades como una forma de allegarse recursos, pues tras la captura de Osiel Cárdenas, habían quedado no sólo descapitalizados, sino desorganizados para emprender nuevas tareas. Hacia los años 2008 y 2009, los secuestros comenzaron a repuntar en el país. En buena medida los plagios se le atribuían a Los Zetas, pues cobraban los rescates y en varias ocasiones, incluso recibiendo los pagos, daban muerte a sus víctimas. No devolvían ni los cuerpos, pues los enterraban para borrar evidencias. Hasta la fecha existen miles de deudos que ignoran el paradero de sus familiares.

Para intimidar, Los Zetas tomaron la práctica de decapitación de sus pares Kaibiles, los miembros de élite del Ejército guatemalteco, quienes utilizaron esta y otras estrategias de terror, durante la guerra civil en Guatemala, por lo que fueron acusados de graves crímenes contra la humanidad. Tras la firma de los acuerdos de paz en 1996, se quedaron en las sombras, y desde 1999 comenzaron a ser reclutados por Los Zetas. Provenientes en su mayoría del Departamento del Petén, Guatemala, los Kaibiles llegaron con nuevas técnicas, entre otras, la de cercenar a los cuerpos y arrojarlos con mensajes intimidatorios, a la vía pública.

En distintos comercios y negocios de giros negros —cantinas con actividades de prostitución, casas de citas y de apuestas— Los Zetas comenzaron a sembrar el terror. Muchos comercios a lo largo y ancho del país tuvieron que cerrar sus puertas, debido a que se volvieron insostenibles los abusos en los que incurría este ejército del narcotráfico por cobros excesivos de cuotas. Los comerciantes solían decir: "Prefiero cerrar que seguir manteniendo a estos pinches delincuentes".

Comenzó también el despojo de sus ranchos a ganaderos para ocultar a las personas secuestradas, o como cementerios clandestinos y casas de seguridad. Este fenómeno comenzó a preocupar a muchos empresarios tanto del norte como del sur del país, quienes tuvieron que abandonar sus casas y negocios y marcharse ante la falta de seguridad. En La Comarca Lagunera, numerosos aviones privados levantaron el vuelo sin retorno: decenas de empresarios tuvieron que decir adiós a México ante las faltas de garantías del Estado para continuar con sus negocios.

El gobierno federal mostraba signos cada vez más preocupantes de su incapacidad para garantizar la vida y el patrimonio en un país devorado por la violencia y el terror. A sangre y fuego, Los Zetas comenzaron a imponer su hegemonía por todo el territorio. Sumaron a su red protectora a las policías municipales y estatales, con lo que la sociedad se quedó sin seguridad.

La estructura de Los Zetas se adaptó a los cambios. En cada región había una célula que, entre sus miembros, era conocida como "las estacas". Cada una tenía un jefe, un contador y una unidad de sicarios. De entre los miembros de las estacas suelen salir los jefes. El que se mantuvo al frente de Los Zetas desde su fundación y hasta octubre de 2012, fue Heriberto Lazcano, alias *El Lazca*. Su segundo de abordo era Miguel Ángel Treviño Morales, conocido como *El Z-40*.

Desde el año 2007 hasta el 2012, ambos encabezaron al cártel más sanguinario de América Latina.

3
El segundo cártel más poderoso

A la conquista de territorios

Después de la caída de Osiel Cárdenas, en 2003, Los Zetas se reagruparon y lograron tener mayor presencia en territorios antaño prohibidos como Nuevo León, Coahuila, Zacatecas, Morelos, Hidalgo, Estado de México e incluso el Distrito Federal.

Su separación del cártel del Golfo ocurrió cuando Eduardo Costilla, *El Coss*, hombre de confianza de Osiel, tomó el control del cártel del Golfo. Los Zetas no quisieron continuar como brazo armado de ese grupo criminal y optaron por independizarse. Esa ruptura provocó una crisis, como es natural, y hasta se dio como un hecho que Los Zetas no sobrevivirían a esa transición mafiosa. Pero las percepciones al respecto resultaron falsas.

Mediante una estrategia que consistió en la diversificación de actividades delictivas, Los Zetas se rearticularon cual empresa criminal. Incorporaron a más ex militares, muchos de ellos desertores, y con base en el ejercicio de una violencia atroz —baños de sangre, entierro de rivales, decapitaciones y amenazas de muerte lanzadas a los círculos del poder político— lograron imponer su hegemonía y convertirse en una rentable franquicia criminal.

El amarre entre el cártel de Sinaloa y el cártel del Golfo fue producto de largas negociaciones. Se habla, inclusive, de varias "cumbres de capos" que fueron avaladas por el propio gobierno de Felipe Calderón. Era claro, pues, que se buscaba que ambos grupos llegaran a un acuerdo y se pacificara el norte del país, ante la clara incapacidad del gobierno para poner fin a la ola de matanzas.

Lo que Felipe Calderón pretendía hacer era algo similar a lo que buscó con el cártel de Sinaloa. A través del general Mario Arturo Acosta Chaparro —asesinado en la ciudad de México en 2012— Calderón intentó negociar con el cártel de Sinaloa. Entre otras peticiones, había una muy concreta: que le bajaran a la violencia, porque el presidente de México no podía hablar de paz social. En emisario de la presidencia supuestamente cumplió el encargo y eso explica en buena medida por qué el jefe del cártel de Sinaloa se acercó a los miembros del cártel del Golfo para limar asperezas y establecer una alianza.

De acuerdo con informes de inteligencia de la Secretaría de la Defensa Nacional y de la SSP, Eduardo Costilla, *El Coss*, sostuvo varios encuentros con Ignacio *Nacho* Coronel (abatido en 2010 en Jalisco durante un enfrentamiento con el Ejército) y con Ismael *El Mayo* Zambada. El objetivo: sellar una alianza para controlar el tráfico de drogas y conformar un mega consorcio criminal que pusiera fin a las matanzas, al menos en los territorios dominados por ambos grupos, según se asienta en las averiguaciones previas PGR/SIEDO/UEIDCS/147/2007 Y PGR/SIEDO/UEIDCS/082/2009.

Y aún cuando ese proyecto nunca fue abandonado por el cártel del Golfo —actualmente considerada como la tercera organización más importante del país— en enero de 2010 la DEA confirmó (curiosamente en pleno sexenio de la guerra) que Los Zetas se habían convertido en un nuevo cártel, bien estructurado y con amplios dominios tanto en el Pacífico como en el Golfo de México.

Los mismos informes de la DEA también confirmaron lo que en México trascendía en los círculos policiacos y criminales: que la separación de Los Zetas se debió a las negociaciones que sostuvieron los altos mandos del cártel del Golfo con la organización de Sinaloa.

Tal versión fue robustecida, meses después, por Hill Glaspy, responsable de la DEA en McAllen, Texas, quien se refirió al contrato firmado por los capos del Golfo y de Sinaloa en estos términos: "Está bien documentado que el cártel del Golfo ha formado alianzas con el cártel de Sinaloa y La Familia [michoacana] para emprender una guerra contra Los Zetas".

Tres meses después del anuncio de la DEA, que dio cuenta del reacomodo criminal en México, el 3 de abril de 2010, Ramón Pequeño García, entonces jefe de la División Antidrogas de la SSP, confirmó que los cárteles del Golfo y La Familia habían reanudado una vieja alianza. El colaborador de Genaro García Luna no se refirió en ningún momento a la organización de Sinaloa como el principal socio del cártel que dirigía *El Coss*. Otros informes de la SSP, sin embargo, arrojaron mayores elementos sobre las alianzas de cárteles y establecieron que la sociedad estratégica del cártel del Golfo se afianzó con la triada conformada por La Familia, el cártel de Milenio y el de Sinaloa, y eso significa —dice el informe oficial— "que estos grupos sumarán fuerzas para contrarrestar a Los Zetas".

Esta nueva sociedad —que derivó en matanzas y enormes pérdidas para los ciudadanos por todas partes— motivó que Los Zetas abandonaran el estado de Tamaulipas, su histórica base de operaciones y se afincaran en Nuevo León y Coahuila, donde se convirtieron en amos y señores del narcotráfico al desarrollar múltiples actividades delictivas con el respaldo de las policías estatales y altos jefes de la política mexicana. Y esa es la causa por la que en ese territorio norteño se agudizaron las ejecuciones, pues no se pudieron evitar los enfrentamientos entre las huestes de *El Coss* con los hombres de Heriberto Lazcano y Miguel Ángel Treviño Morales, quien lideraba otra ala de Los Zetas, tras romper relaciones con Lazcano.

De acuerdo con informes de la PGR, de la SSP y de la Secretaría de la Defensa Nacional, Los Zetas zarparon las crisis internas y externas y emprendieron su plan de expansión que, de acuerdo con las fuentes citadas, maquinaron desde el año 2005, veinticuatro meses después de la caída de Osiel Cárdenas.

La PGR dispone de información que da cuenta del crecimiento exponencial de Los Zetas en el mundo del narcotráfico y cómo se prepararon no sólo para enfrentar la guerra de Calderón sino para expandirse fuera de México y convertirse en un cártel con dominio internacional.

La Averiguación Previa PGR/SIEDO/UEIDCS/082/2009, por ejemplo, asienta que desde el año 2005 Los Zetas adquirieron armamento de alto poder como ningún otro grupo criminal lo había hecho. Por esas fechas, añade el documento, dicha organización ya buscaba su independencia al tiempo que enfrentaba a sus rivales, entre los más peligrosos estaban sin duda los miembros del cártel del Golfo.

Como parte de su estrategia, Los Zetas incorporaron a elementos del Ejército, muchos de ellos desempleados o desertores y no dudaron en reclutar también en Guatemala a ex integrantes de las tropas de élite de las fuerzas armadas de ese país centroamericano, los ex Kaibiles, según consta en la averiguación previa citada.

En ese tiempo (2005), Los Zetas se organizaban y se aprestaban a convertirse en el noveno cártel dentro del escalafón criminal mexicano y dar la pelea en la consolidación de territorios y mercados a organizaciones poderosas como el cártel de Tijuana, Colima, Juárez, Sinaloa, Golfo, la organización Díaz Parada, Milenio, entre otros muy pujantes que habían crecido en sexenios anteriores y que también se consolidaron en el gobierno de Felipe Calderón.

Tras su desprendimiento del cártel del Golfo, Los Zetas se vieron necesitados de recursos tanto humanos como económicos. Quizá por ello exploraron otras opciones de ingresos y, quizá sin proponérselo, comenzaron a diversificar sus actividades delictivas. En aquellos años dieron rienda suelta a las extorsiones y convirtieron el secuestro en una gran industria.

Así comenzaron a controlar el mercado de la piratería y

el tráfico de personas; a cobrar a la fuerza, el tradicional "derecho de piso" a comerciantes y dueños de bares, cantinas y burdeles en varias regiones del país. En el año 2009, cuando la Policía Federal desarticuló una red de secuestradores en Pachuca, Hidalgo, se comprobó que en dichas actividades participaban mujeres y niños.

En ese año alcanzaron el nivel de escándalo nacional las actividades de Los Zetas, pero aún se desconocía mucho sobre la génesis y el esquema con el que operaban. Por esa razón se solicitó, ésta vez al Instituto Federal de Acceso a la Información (IFAI) —solicitud número 0022000084508— datos para conocer el número de miembros del cártel de Los Zetas y quiénes de ellos provenían directamente del Ejército.

El IFAI respondió, con su habitual tono oficial, que no podía atender la petición debido a que la información solicitada ponía en riesgo lo que ellos llamaron la Seguridad Nacional del país. No obstante, aportó algunos elementos que permitieron entender, con forzosos golpes de interpretación, la evolución de Los Zetas a pesar de ser desde entonces uno de los grupos criminales más golpeados.

Para el IFAI no había ninguna duda de que Los Zetas se nutrían de material humano que no propiamente provenía del Ejército. Ese organismo consideró que el rescate de criminales sacados a la fuerza de las cárceles de Michoacán, Tamaulipas y Chihuahua, así como los ataques armados a las comandancias de las policías estatal y federal en Coahuila, Tabasco y Sonora dejaba en claro que Los Zetas cuentan con información, logística e infraestructura, independientemente del armamento de alto poder y tecnología que disponen, para organizar operativos de rescate y ataques de esa magnitud.

Y con base en ese poderío, Los Zetas pueden enfrentar a los cuerpos de seguridad sin temor e incluso han roto los cercos de seguridad en varias ocasiones y han ejecutado "a más de un elemento de seguridad", expuso el IFAI en su informe. A esto hay que agregar que los sicarios obtienen información de los expedientes relacionados con el cártel del Golfo, por lo que conocen los nombres de los funcionarios que participan en las pesquisas e investigaciones contra ellos o grupos afines.

El IFAI asentó un punto preocupante que explica el rebase del Estado mismo en materia de combate criminal: "Debemos reconocer que los grupos de delincuencia organizada se encuentran mejor coordinados que en el pasado y que su poder trasciende hasta las más altas esferas del gobierno"

Otros documentos oficiales son claros al explicar con datos que, aunque Los Zetas se refuerzan con otros grupos e incorporan a gente de la delincuencia común —lo que los convierte en una franquicia criminal exitosa— su propio jefe, Heriberto Lazcano Lazcano, nunca dejó de reforzar a su empresa criminal con personal militar hasta el día en que supuestamente cayó abatido en Coahuila.

En la averiguación previa PGR/SIEDO/UEIDCS/242/2008 se asienta que Lazcano Lazcano, oriundo de Hidalgo, cuya casa paterna se ubica a un lado de la zona militar afincada en la ciudad de Pachuca, se mantuvo activo en el reclutamiento de personal militar para darlos de alta como miembros del otro ejército: Los Zetas.

En dicha averiguación destaca la voz del testigo protegido con clave *Karem*, quien arrojó más luz sobre la estructura de Los Zetas en una de sus múltiples declaraciones en la que da cuenta del constante ingreso de personal a la franquicia llamada Los Zetas:

A Lazcano se le vio hace poco tiempo por el rumbo de Ramos Arizpe, Coahuila, muy cerca de Saltillo, donde tiene varios caballos pura sangre que le costaron, cada uno, varios miles de dólares. Le gustan las carreras de caballos. Los asistentes a una carrera que se celebró en esa región fueron testigos de la muerte de uno de sus caballos preferidos, porque le habían dado de tragar mucha cocaína.

Desde que Lazcano se convirtió en jefe de Los Zetas otras reglas se impusieron en el grupo criminal y cambiaron las estrategias de operación, según se desprende de la declaración rendida por Mateo Díaz López, "El comandante Mateo", contenida en la indagatoria PGR/SIEDO/UEIDCS/122/2006.

En dicha indagatoria, *Mateo* —fundador de Los Zetas como Heriberto Lazcano— declaró que tras la detención de Osiel Cárdenas, *El Lazca* comenzó a reclutar a desertores del Ejército de Guatemala (ex Kaibiles) para poner en marcha uno de los negocios más boyantes del grupo criminal: los secuestros y algo más: los homicidios y las extorsiones, fuentes de millonarios ingresos para Los Zetas.

El reto de expansión de Los Zetas no fue una empresa fácil para Heriberto Lazcano. Para poder sostener una organización con diversos giros, Lazcano creó una nueva estructura, vigente hasta la fecha, que consistió en dividir al grupo en células regionales, cual franquicia criminal, especializada por delitos, a las que se les denominaron estacas, que son grupos de siete personas que operan a nivel municipal; al mismo tiempo se constituyeron los llamados *halcones* o vigías y se contrataron auditores a todos los miembros de la organización.

Así, paulatinamente pero en forma constante, Los Zetas comenzaron su ascenso a las grandes ligas de los cárteles mexicanos, e irrumpieron en ese competido escenario con una agresividad empresarial y criminal nunca antes vista en la historia de México.

Jamás un grupo delictivo emanado en sus células madre del Ejército había causado tanto temor en México; nunca antes la delincuencia había contado con tanto poder, armamento y talento militar para expandir una de las empresas que dieron origen al surgimiento del primer grupo paramilitar con tan amplias actividades criminales desarrolladas.

Mateo no sólo fue fundador de Los Zetas: conoció a fondo la entraña de ese grupo y sus variantes operativas. Por ello es de total relevancia su testimonio cuando habla de las operaciones internas y la logística que desarrollaron con miras a su crecimiento y evolución al rango de cártel.

Dice el testigo: *El número de Lazcano lo grabé con las letras Md, pero cada vez que detienen a algún miembro de la organización todos tiramos los teléfonos a la basura y compramos nuevos teléfonos y radios.*

La logística empresarial de Los Zetas se basa en la coerción de sus miembros, pero también existen los incentivos por productividad, propios de una empresa rentable.

Cuenta *Mateo*: *Las reuniones de fin de año las realizaba* El Lazca *con el fin de que todos los que trabajan para la organización de Los Zetas se conocieran entre ellos; en esas reuniones se pagaban sus aguinaldos, participaban en rifas de casas y automóviles. En ese tipo de reuniones era cuando Heriberto Lazcano designaba al personal que se iba a ir con ellos a las diferentes plazas que tenían a su mando. Una de las más importantes del mercado de drogas es el Distrito Federal.*

Otros ángulos de la forma de operar de Los Zetas, con base en su experiencia laboral, son vistos por los testigos protegidos *Rufino*, *Gabriel* y *Geraldín*, cuyos testimonios permiten ver un poco más adentro del núcleo criminal de Los Zetas.

Ellos declararon en la averiguación previa PGR/SIEDO/UEIDCS/014/2007 que la estructura de Los Zetas está conformada de la siguiente manera: En el nivel más bajo están quienes son denominados como *halcones*, que son *los ojos de la ciudad* o vigilantes; en el siguiente nivel están los encargados de las tiendas o puntos de venta de droga, los de la productividad. Le siguen los *L* o *Cobras* —ayudantes o responsables de brindar seguridad a Los Zetas— quienes andan equipados con un arma larga y una corta. El siguiente nivel, declararon los testigos, es el de Los Zetas *Nuevos*, ex militares guatemaltecos que tuvieron entrenamiento especial y que siempre portan las mejores armas largas y cortas, granadas, chalecos antibala y cascos.

El testigo *Rufino* —quien fue personero de Osiel Cárdenas— relató al respecto: *Son los encargados de entrar a las casas, de revisarlas y de llevar el mando en los operativos. También se encargan de ejecutar a la gente porque suponen que eso les da más fuerza y hace honor a su categoría de nuevos Zetas.*

Además, según los testimonios, hay reglas establecidas. En caso de presentarse un enfrentamiento, los *L* o *Cobras*, por ejemplo, tienen órdenes de disparar si así lo ordenan Los Zetas *Nuevos*; en el caso de detenciones o levantones, los *L* son los que se encargan de esposar a los sujetos, subirlos a los vehículos, mientras Los Zetas Nuevos dirigen el operativo.

Junto con los ex Kaibiles guatemaltecos, en ese nivel se encuentran algunos miembros del desaparecido GAFE (Grupo Aeromóvil de Fuerzas Especiales), los más antiguos de esa organización, comentaron los testigos, y aclararon que si bien *Los Cobra* o *L* son considerados "gente de confianza", carecen de formación militar, por lo que solo pueden llegar a ser comandantes. Es el caso de Miguel Ángel Treviño, *El Z-40*, quien operaba en los estados de Nuevo León y Coahuila.

A esta categoría pertenecían también El comandante *Mateo*, *El Mamito* (extraditado en septiembre de 2012), *El Hummer*, *El Rex*, *El Caprice*, *El Tatanka*, *El Cholo*, entre otros. Varios de estos Zetas originales están presos o muertos. Los que aún viven se hacen llamar *Los licenciados*, *los maestros* o *los ingenieros*, para evitar que les identifique, según declararon los testigos referidos.

Además de los diferentes niveles y categorías, el encargado (o comandante) de cada plaza cuenta con informantes, un contador y sus sicarios, quienes se encargan de la seguridad personal del comandante. Por lo que atañe a los informantes, por lo general son personas con conocimientos del lugar donde operan y tienen relaciones con personas del entorno; además, están disponibles las 24 horas del día y dependen directamente del comandante de la plaza.

El contador, por su parte, es el responsable de las finanzas de la organización; es él quien paga los sueldos a los integrantes de la estructura, así como a los servidores públicos que están en contubernio con la organización. Al principal contador del cártel se le conoce como *El comandante Sol*, según los testigos *Rufino* y *Karem*.

Cuando el sexenio de Felipe Calderón cruzaba el primer tramo, en 2009, el grupo Los Zetas ya era un cártel en expansión pese a la guerra; habían ampliado su abanico criminal y sentado sus dominios en unos veinte estados del país, mediante una alianza estratégica con la organización Beltrán Leyva y el cártel de Tijuana. Sus ingresos no solo provenían del tráfico de drogas, sino que se les veía muy activos también en el robo de combustible a Petróleos Mexicanos. Para ello, establecieron alianzas con empresarios, la mayoría contratistas de Pemex ligados al lavado de dinero. También se hacían notar en actividades ilegales como la invasión de terrenos para instalar bombas de robo de combustible, el asalto a autotransportes y la cooptación de funcionarios de las aduanas, por donde cruzan armas, droga y hasta dinero del exterior hacia México.

Los testigos refieren cuáles son los depósitos más socorridos para deshacerse de sus víctimas: *También utilizan panteones abandonados para desaparecer a las personas que son asesinadas. Una vez que están muertas, las llevamos a uno de esos panteones y las metemos a las tumbas que tienen en sus lápidas otros nombres, de esa manera nunca las encuentran.*

En sus planes de expansión y control de penales y plazas, Los Zetas contaron con el apoyo de políticos y militares, algunos de ellos cercanos al ex candidato presidencial de la izquierda, Andrés Manuel López Obrador.

Un personaje llamado Marco Antonio Mejía López, quien se desempeñó en 2009 como director del penal del municipio de Benito Juárez, fue aprehendido por estar presuntamente relacionado con Los Zetas. Mejía López no era un personaje cualquiera: fue el coordinador de seguridad asignado a López Obrador en 2006, cuando se lanzó como candidato presidencial.

Durante la campaña de López Obrador se le identificó con la clave *Puma* y gozaba, hasta antes de conocerse sus actividades, de la confianza del entonces candidato de la coalición *Por el bien de todos*.

El 20 de febrero de 2009 ningún respaldo político impidió que Mejía López fuera detenido por elementos del Ejército Mexicano. Se le acusó del asesinato, ocurrido un mes antes de su aprehensión, de Mauro Enrique Tello Quiñones, general de brigada retirado, quien fue ejecutado presuntamente por Los Zetas.

Tello Quiñones había sido contratado por el entonces presidente municipal de Benito Juárez, Gregorio *Greg* Sánchez Martínez —quien tiempo después curiosamente fue apresado por sus presuntos nexos con el narcotráfico— para que organizara un grupo de fuerzas especiales destinado al combate de la delincuencia organizada. El militar preparaba el proyecto con base en su experiencia y cuando ni siquiera daba forma al plan de seguridad fue acribillado a mansalva.

Pero su cuerpo apareció perforado por balas expansivas y durante el desarrollo de la autopsia fueron evidentes las huellas de tortura: tenía los brazos y las piernas rotas con fracturas expuestas, así como golpes en el tórax y en el rostro. Un dato de las autoridades revela que antes de asesinarlo fue secuestrado, lo tuvieron encerrado en una casa de seguridad bajo interrogatorio a base de golpes.

En el lugar del hallazgo también se encontraban otros colaboradores de Tello Quiñones, quienes formaban parte del proyecto de seguridad que estaban preparando. Se trata del teniente de infantería Getulio César Román Zúñiga y de un civil que fue identificado como sobrino de Greg Sánchez y que en vida respondía al nombre de Juan Ramírez Sánchez, quien era propietario del *Baby Doll VIP*, un burdel de postín que operaba en la zona de tolerancia de Cancún y que ofrecía, entre otras diversiones, servicios de *table dance*.

Las investigaciones se iniciaron en medio del silencio presidencial. Felipe Calderón no pronunció una sola palabra de las ejecuciones, a pesar de que se trataba de dos miembros del Ejército, los aliados de su guerra. Semanas después, el Ejército asestó un golpe con la captura del ex militar Octavio Almanza Morales, conocido en el mundo del hampa como *El Gori 4* y quien era nada menos que el jefe de Los Zetas en la plaza de Cancún. Junto con él fueron aprehendidos seis miembros más de esa organización criminal y se les acusó de haber participado presuntamente en la ejecución de los militares y de Ramírez Sánchez, el empresario de los giros negros.

El grupo detenido en Cancún tenía un amplio dominio en el país, pues se le atribuyeron otras muertes relevantes, entre ellas, la de nueve soldados en Monterrey, Nuevo León, perpetradas en octubre de 2008. Según su ficha criminal, Almanza Morales fue miembro del Ejército del 20 de mayo de 1997 al 1 de julio de 2004. Tras su deserción del Ejército se incorporó como lugarteniente de Sigifredo Nájera, *El Canción*, y luego se hizo responsable de la plaza de Cancún. Esto ocurrió después de la caída de Javier Díaz, capo llamado *El Java Diaz*.

La célula de Los Zetas no solo controlaba la plaza de Cancún —antes ocupada por el cártel de Juárez— sino todo el corredor del Caribe, donde recibían importantes cargamentos de droga, provenientes de Sudamérica. Los detenidos rindieron declaración y en ellas dijeron que también controlaban el penal de Cancún cuando el director era Marco Antonio Mejía López, el mismo que había sido asignado a la seguridad de Andrés Manuel López Obrador durante la campaña presidencial de 2006.

A pesar de sus antecedentes y no obstante estar implicado en el narcotráfico, el entonces alcalde de Cancún, Gregorio *Greg* Sánchez defendió a su ex colaborador con estas palabras: "Le tuve confianza cuando leí su currículum. Su esposa es cancunense y ya trabajaba aquí [en Cancún], también tenía vastos conocimientos en materia de seguridad y una trayectoria impecable cuando pasó por las oficinas de Migración en Cancún".

La ficha criminal de Mejía López dada a conocer por la PGR contiene datos duros e irrefutables: trabajó para Los Zetas, recibió entrenamiento en seguridad dentro de las Fuerzas Armadas de Israel y coordinó a las Gacelas, el grupo de mujeres policías que custodió a López Obrador cuando fue jefe de gobierno de la Ciudad de México.

La expansión

Desde el año 1997 a la fecha, pero particularmente en el sexenio de Felipe Calderón, Los Zetas tuvieron un crecimiento tan vertiginoso como descomunal, gracias al apoyo de gobernadores, militares y policías, aliados todos ellos del narco. Durante los últimos doce años —curiosamente en los dos sexenios panistas— este grupo delincuencial fue uno de los más combatidos, aunque paradójicamente, fue de los que más creció dentro y fuera de México.

Las dos figuras emblemáticas que mantenían de pie a dicha organización criminal eran sus fundadores: Heriberto Lazcano Lazcano y Miguel Ángel Treviño Morales, *El Z-40*. Pero el primero cayó en desgracia, abatido por la Marina en octubre de 2012, según la versión oficial. El segundo fue detenido en condiciones muy sospechosas. El cártel de Los Zetas, sin embargo, sigue de pie ahora bajo el liderazgo de Omar Treviño Morales —hermano de Miguel Ángel— quien opera desde Zacatecas, uno de sus principales feudos.

Contra todos los pronósticos, que apuntaban a que Los Zetas se extinguirían luego de la captura de Osiel Cárdenas Guillén, ex jefe del cártel del Golfo, quien los diseño como un escudo militar a su servicio, lo cierto es que durante el llamado "Sexenio de la Guerra", Los Zetas alcanzaron tanto poder y dominio territorial que actualmente ya son considerados el segundo cártel más poderoso, después de Sinaloa —el cártel oficial— cuyos reales se asentaron en una veintena de entidades federativas y por numerosos países de América Latina.

Lo curioso y extraño al mismo tiempo de su rápida expansión, es que en el año 2007, cuando el gobierno de Calderón aún no cumplía ni doce meses, la Secretaría de Seguridad Pública (SSP) primero, y un ex procurador, después, negaron su existencia. Todo ello a pesar de las múltiples matanzas, secuestros y descuartizamiento de cuerpos humanos que se les atribuyeron a lo largo y ancho del país.

A pesar de que en decenas de boletines informativos la SSP daba cuenta del horror que provocaban Los Zetas en el país con sus matanzas esa dependencia llegó a decir oficialmente que en sus archivos no existían informes sobre... Los Zetas.

Esta fue la respuesta que proporcionó el aparato federal de seguridad pública, a una solicitud de información que remití, para conocer la posición oficial del gobierno de Felipe Calderón sobre ese grupo criminal: quiénes lo conforman, cuáles son sus nombres reales y apelativos; su estructura, sus centros de operación y, entre otros datos más, el número de ejecutados relacionados con ellos.

La respuesta de la SSP, fechada el 18 de junio de 2010, fue de risa y al mismo tiempo de preocupación. La dependencia ironizaba, encubría, o de plano ignoraba todo sobre Los Zetas al responder: "Le comunicamos la inexistencia de la información solicitada, toda vez que en los archivos del sector central de esta Dependencia no existe documento que contenga dicha información. Asimismo, es pertinente notificarle que la inexistencia de la información solicitada ha sido confirmada en términos del artículo 46 de la Ley de la Materia, con la resolución emitida sobre este particular por nuestro Comité de Información".

Pese a ello, "y con la finalidad de favorecer el principio de publicidad y transparencia previsto en la Ley de la Materia", la SSP le pidió a la Coordinación de Inteligencia de la Policía Federal (PF) —subordinada entonces a la SSP— que buscara en sus archivos la información solicitada. El resultado: no se encontró ni un solo dato al respecto.

Los responsables del área de inteligencia de la PF, según la respuesta de la SSP, hicieron una "búsqueda exhaustiva" en el rubro temático Prevención del Delito, de la Dirección General de Secuestros y Robo, así como en los rubros temáticos Narcotráfico y Delitos contra la Salud, Tráfico Ilícito de Armas, Municiones y Explosivos, Tráfico de Indocumentados y

Falsificación de Documentos, Piratería, Contrabando, Tráfico y Robo del Patrimonio Histórico y Cultural de la Dirección General de Tráfico y Contrabando, no encontrando antecedentes o información alguna sobre el particular.

Lo irónico y contradictorio de este caso es que para junio de 2010, cuando la SSP negó la existencia de Los Zetas, la guerra del presidente Calderón contra el crimen organizado ya había cumplido cuatro años de haberse declarado oficialmente. Y lo peor es que, unos días después de la respuesta de la SSP, el 27 de junio, la misma dependencia federal emitió un boletín que echó por tierra su propio alegato:

Como parte del Operativo Conjunto La Laguna y de los trabajos de Inteligencia, la Policía Federal detuvo a tres presuntos Zetas en Villa de la Merced, en Torreón, Coahuila. Una vez cruzada la información asegurada (libretas de anotaciones, fotografías y teléfonos celulares) con la base de datos del Sistema Nacional de Seguridad Pública, se determinó que los tres detenidos tienen vínculos con la organización delictiva de Los Zetas.

La versión de que Los Zetas no existen formó parte de un argumento esgrimido por los gobiernos panistas encabezados por Vicente Fox y Felipe Calderón, dos periodos ominosos en la historia de México. Antes de concluir el sexenio de Fox, Daniel Cabeza de Vaca, último procurador General de la República de ese periodo gubernamental, se refirió en estos términos al cártel de Los Zetas:

—Son un mito —dijo.

Lo cierto es que los gobiernos de Fox y Calderón negaron lo que era más que evidente: que Los Zetas iban creciendo a pasos agigantados en el mundo criminal y se convirtieron en el segundo cártel más poderoso de México, precisamente en la era panista. Y no sólo eso: extendieron sus redes hacia Centro y Sudamérica. No conforme con ello, ampliaron su presencia a Estados Unidos, en particular al Valle de Texas y también son conocidos en Europa, donde han trabado relaciones con grupos de la mafia internacional. Por ejemplo, según datos confirmados por la justicia italiana, la DEA, y con base en investigaciones realizadas por los *carabinieri* italianos, el cártel de Los Zetas estableció relaciones estrechas por lo menos desde el año 2007 con grupos mafiosos de Italia, entre ellos, la 'Ndrangheta —hombres valientes—, cuyo cuartel de operaciones, de acuerdo con las autoridades, está localizado en Reggio Calabria, al sur de ese país, en la punta de la famosa bota.

El dato pudo confirmarse tras una detención efectuada en Canadá. Pero no se trató de una captura cualquiera, sino de Giuseppe Coluccio, un calabrés miembro de 'Ndrangheta, quien se dedicaba a la importación de cocaína desde Sudamérica.

Coluccio pertenecía a un ramaje de 'Ndrangheta afincado en Canadá, desde donde manejaba sus contactos con los cárteles colombianos y tenía como negocio la compra de cocaína a las organizaciones que operan en Centro y Sudamérica. Cuando sus socios de 'Ndrangheta se enteraron de la detención de Coluccio, comenzaron a inquietarse. Y no era para menos. Coluccio representaba el hilo conductor mediante el cual las autoridades podrían llegar hasta la cúpula de la organización. Otro motivo de la gran preocupación de ese grupo mafioso fue que se frenaron de tajo los suministros de cocaína que partían de Sudamérica a Italia.

Fue entonces cuando establecieron contacto con el cártel del Golfo para obtener la droga y surtir así los pedidos pendientes. La captura de Coluccio confirmó las sospechas de que la mafia italiana tenía contacto con cárteles mexicanos, en particular con el del Golfo y Los Zetas, mismos que hasta la fecha se mantienen.

La expansión del cártel del Golfo y de Los Zetas hacia Europa fue del conocimiento del presidente Felipe Calderón cuando, en junio de 2007, realizó un viaje por Italia. Allí comprobó que el narcotráfico que supuestamente combatía ya alcanzaba niveles internacionales, claro ejemplo del fracaso de su guerra. Durante sus encuentros con las autoridades italianas Calderón recibió todo tipo de apoyos y asesorías para hacer frente a la lucha contra el narcotráfico, pero el 29 de noviembre de 2008 Franco Frattini, quien era ministro del exterior italiano, reiteró el ofrecimiento de cooperación —sin respuesta— al gobierno mexicano. El silencio presidencial fue cómplice.

Segunda parte

MATAR NO ES SUFICIENTE

4
La ley del soplete

El mundo criminal y sanguinario de Los Zetas parece no tener límites. Para ellos no basta con asesinar a los rivales: las torturas se extienden incluso más allá de la muerte, según consta en testimonios judiciales a los que se tuvo acceso.

Si sus rivales de Sinaloa, encabezados por Joaquín Guzmán Loera, *El Chapo*, se caracterizan por amasar poder mediante sus ligas políticas y la protección policiaca, Los Zetas recrudecieron su sadismo desde el año 2004, cuando comenzaron a publicitar sus prácticas de muerte exhibiendo cuerpos decapitados, quemados, o "cocinados", ritos que los convirtieron en uno de los grupos criminales más sanguinarios del mundo.

Lo anterior queda demostrado en el testimonio ministerial de un miembro de Los Zetas detenido en Michoacán y que se incorporó al programa de testigos protegidos de la PGR. Su nombre clave es *Karem*.

En una de sus múltiples declaraciones rendidas ante la PGR, *Karem* revela detalles de las formas en que *Los Zetas* torturan y exterminan a sus víctimas. Dice, por ejemplo, que en el año 2009 conoció a Mario Alberto Flores Soto, llamado el *cero dos*, de quien afirma:

"Era muy apreciado por Osiel Cárdenas Guillén y Heriberto Lazcano Lazcano y respetado por todos los demás Zetas viejos, ya que el aprecio que le tenían en la organización criminal lo dejaban mover su mercancía y trabajar sus tienditas en la colonia Infonavit de Nuevo Laredo, Tamaulipas.

"Lo conozco desde el año 2005 y conviví con él hasta septiembre de 2009. En una ocasión me comentó que él había sido rescatado por Los Zetas del penal de Loma de Nuevo Laredo".

Karem afirma en su testimonio que, una ocasión, estando en la "estaca" (se compone de una cabeza y tres elementos) de Daniel Velásquez Caballero, *El Talibancillo* o 52, fue acompañado por las estacas encabezadas por Iván Velásquez y Miguel Ángel Treviño, "fuimos a levantar al *Checo* Ortiz, uno de sus rivales, en la colonia Viveros"

Después del plagio, sobrevino lo peor para el secuestrado. Narra *Karem:*

"Lo levantamos y lo llevamos a un rancho conocido como La Huicha, donde después de estarlo torturando, Miguel Treviño lo mató y lo entregó ahí mismo en el rancho a los cocineros para que lo cocinaran".

Cuando *Karem* menciona la palabra "cocinar" aclara que se refiere a "meter [los cuerpos] en un tanque metálico de doscientos litros y después rociarlo con diesel, prenderlo y constantemente rociarle diesel para que continúe el fuego".

No todo termina ahí. El cuerpo es destrozado. El testigo cuenta lo que sigue:

"Y hay que utilizar una pala en forma de cuadro, con mango largo, para estar destrozando el cuerpo, para que se consuma más rápido hasta que se desaparezca".

El testigo regresa la película al momento en que Treviño mató al *Checo* Ortiz:

"Entonces Miguel Treviño se lo entregó al cocinero de nombre Miguel Ángel Abrego, alias *El Gordo* y un tal *Víctor* para que se encargaran de desaparecerlo o guisarlo. Y se le prendió fuego hasta que sólo quedaron las cenizas".

Los Zetas, con sus múltiples contactos policiacos, se enteran con rapidez cuando personas extrañas andan preguntando por ellos. Y quienes pretenden conocerlos se enfrentan a una verdadera pesadilla. Al menos eso fue lo que vivió un personaje de origen extranjero que se dio a la tarea de ir a Tamaulipas y recorrer las calles preguntando quiénes eran y dónde estaban Los Zetas.

Karem narra lo que le pasó al extranjero curioso:

"Asimismo, aproximadamente en el mes de noviembre de 2004, cuando pertenecí a la estaca de Mario Alberto Flores Soto, levantamos a una persona de procedencia extranjera, sin recordar si era de origen alemán, porque un informante le comentó a Mario Alberto, *El cero dos*, que andaba preguntando por Los Zetas.

"Lo levantamos y después de hacerle varios interrogatorios, donde procedió Mario Alberto a golpearlo y a preguntarle por Los Zetas y quién era, y para quién jalaba, lo soltamos cerca del puente internacional número dos de Nuevo Laredo. No lo matamos, no lo cocinamos, porque vimos que procedió a cruzar al otro lado".

Otras de las prácticas socorridas por Los Zetas es la decapitación, hecho brutal que le ha dado la vuelta al mundo, como aquella imagen donde un grupo de sicarios irrumpió en una discoteca de Uruapan, Michoacán, y sobre la pista de baile hicieron rodar cinco cabezas humanas recién cortadas, que —según los testigos— todavía mostraban signos de palpitaciones en sus tejidos nerviosos.

La decapitación es una de las prácticas más socorridas por Los Zetas. Muchas veces los encargados de cortar cabezas utilizan sierras o hachas para cortar brazos, piernas, dedos, cercenar rodillas y pies.

La tortura también les fascina. Suelen interrogar a sus víctimas antes de darles muerte. Los atan de pies y manos y los sientan amarrados. Luego suelen dispararles en la cabeza, si hay que acabar con ellos de un solo disparo. De lo contrario, los cuelgan, les quitan la ropa y los "tablean", es decir, humedecen tablones de madera de pino y los golpean por la espalda, las nalgas y las piernas. En muchas ocasiones la tortura se prolonga hasta que hay estallamiento de riñones.

Otra forma de torturar es utilizando sopletes y quemando los órganos genitales de sus rivales. O si el rival habló de más, le cortan la lengua estando vivo.

Conocida también es la práctica de enterrar vivos a sus enemigos. Luego del interrogatorio de rigor, preparan una fosa. Envuelven con cinta canela a la víctima y casi momificado lo arrojan al hoyo y luego le vacían toneladas de mezcla de cemento. La persona muere por asfixia y lentamente el cemento va fraguando hasta que aquello se convierte en una losa que sella para siempre.

Pero los militares, formados en buena medida bajo estas leyes de la tortura, también tienen sus reglas si se trata de un halcón (vigilante que utilizan los Zetas para recibir información sobre el movimiento policiaco y castrense, en una zona determinada).

Si por alguna causa cae en sus manos un halcón, los militares lo interrogan. Luego lo suben a un helicóptero y lo pasean. Lo atan de los pies y lo avientan frecuentemente al vacío al tiempo que les gritan: "Si eres halcón, vuela, hijo de tu puta madre, defiéndete, vuela, vuela...."

Luego lo suben al helicóptero que se mueve por los aires y en dos o tres minutos más lo vuelven a aventar. De esta manera suelen sacarle la información que necesitan.

5
"Le fui agarrando la onda a esto y me quedé"

El horror se perfeccionó aún más porque a los sicarios del narcotráfico ya no les saciaba matar. No era suficiente. Siempre querían más. Así, surgieron los "pozoleros", personas dedicadas a deshacer cuerpos con sosa cáustica y ácido clorhídrico. Después de cortar piernas, brazos y cabezas y extraer las vísceras, el ácido y la sosa comenzaban a desintegrar el cuerpo del rival hasta que el drenaje terminaba por tragarse lentamente los desechos humanos.

En Tijuana, Baja California, feudo de los hermanos Arellano Félix, de infausta memoria, aún se recuerdan las atrocidades a Santiago Meza López, conocido en la ciudad fronteriza como *El pozolero*. Habitante del ejido Ojo de Agua, lugar enclavado en las montañas, Meza pasaba días y noches en su rancho deshaciendo cuerpos humanos. Cuentan que en las madrugadas, los cuerpos eran llevados hasta ese sitio y arrojados en la choza como costales de papa. Se trataba de personas que habían sido ejecutadas por Teodoro García Simental, *El Teo*, miembro del cártel de Tijuana y uno de los hombres más sanguinarios de esa región fronteriza.

Al *pozolero* le pagaban 600 dólares a la semana por deshacer cuerpos con ácido. Su técnica era igual a la de un carnicero: desmembrar los cuerpos por las coyunturas. Luego las muñecas, antebrazos y el dorso eran picados. Colocaba los despojos en un tronco de árbol y con una hacha descuartizaba extremidades, brazos y costillas como si estuviera cortando leña. Luego iba colocando los trozos de huesos y carne en un tambo y los cubría con sosa cáustica y ácido. Cuando el Ejército descubrió su escondite, *El pozolero* confesó que mediante esa técnica de verdadera carnicería había desaparecido unos 300 cuerpos de personas previamente asesinadas por los sicarios del cártel de Tijuana. Y se ufanaba con una sonrisa malévola: "Yo soy el pozolero del *Teo*".

Pero al famoso *pozolero* se le apagó su estrella. La impunidad con la que operó para el cártel de Tijuana llegó a su fin el 2 de enero de 2009. Ese día, efectivos adscritos a la 11ª Zona Militar recibieron una denuncia ciudadana:

"Les queremos poner en conocimiento que en una casa de la colonia Baja Season´s varios hombres armados llevan días de fiesta. Están alcoholizados, drogados y hay muchas prostitutas acompañándolos".

Y en efecto, en aquella casa había mucho bullicio: la música norteña era estruendosa. Había vehículos de lujo sin placas y prostitutas de rubia cabellera, al parecer extranjeras, que entraban y salían de la residencia. Copa en mano, las risas se propagaban hasta varios metros de distancia durante el día y la noche, lo que atrajo la atención de los vecinos debido el escándalo y a las muchas jornadas de fiesta transcurridos.

Tras recibir la denuncia, vehículos militares arribaron al sitio y desde la PGR salió el "pitazo", como ya es costumbre. Teodoro García Simental y unos 30 sicarios lograron huir por la playa. En la casa detuvieron a Meza López, *El pozolero*. Estaba tan intoxicado de cocaína y alcohol que tardó varias horas en percatarse de que el Ejército lo había aprehendido. Cuando fue trasladado, recobró algo de conciencia y les dijo a los militares: "No saben, hijos de puta, con quién se están metiendo. Déjenme ir, yo soy *El pozolero* de *El Teo*".

Meza López no era un personaje menor dentro de la estructura del cártel de Tijuana, que más tarde se asoció con Los Zetas. Cuando fue presentado por las autoridades se supo que era uno de los veinte criminales más buscados por el Buró Federal de Investigaciones (FBI).

Durante las investigaciones posteriores, las autoridades obligaron al *pozolero* a realizar la reconstrucción de los hechos; es decir, explicar cómo deshacía los cuerpos. Cuando fue interrogado en el lugar de los hechos, dijo:

—No sé qué personas eran las que me mandaban. Yo no sé nada, solo hice el trabajo que me pedían.

—¿Cuánto tardaban los cuerpos en deshacerse y qué hacías con los huesos? —le preguntaron los agentes del Ministerio Público Federal.

—Algunos los partía en pedacitos, otros los echaba enteros.

—Que diga el testigo cuánto tiempo tardaban en deshacerse.

—Entre catorce o quince horas.

—Que responda el testigo qué hacía con los restos que quedaban.

—Los enterraba.

En realidad, *El pozolero* no se sentía asesino. Era como un carnicero que sólo destazaba a las reses, pero no las mataba. Al *pozolero*, según consta en el expediente que de su caso integró la PGR, lo reclutó Ramón Arellano Félix para el cártel de Tijuana, el más sanguinario del llamado cártel de los "Aretes". Tras la muerte de Arellano Félix en 2002 en Mazatlán, Sinaloa, cuando se disponía a matar a Ismael Zambada, *El Mayo*, el llamado "carnicero del cártel", quedó bajo las órdenes de Marco Antonio García Simental, *El Cris*. En ese tiempo a Meza López le apodaban *El Chago*. Todavía no aprendía a preparar el famoso "pozole". En su declaración ministerial, rendida ante la desaparecida Subprocuraduría de Investigación Especializada en Delincuencia Organizada (SIEDO), Meza López narró como aprendió a hacer el pozole humano:

"Aprendí a hacer el pozole con una pierna de res. La puse en una cubeta, le eché un líquido y vi cómo se deshizo. Así comencé a hacer experimentos y me convertí en pozolero. Ahí le fui agarrando la onda a esto y me quedé".

Dentro de las prácticas de muerte cada vez más sofisticadas de los cárteles de la droga, Los Zetas y los miembros del cártel de Juárez se caracterizan por quemar a sus víctimas para desaparecer evidencias. Pero nunca faltaba una mente más perversa que sugería sepultar a sus enemigos con vida, después de un largo interrogatorio en el que eran sometidos a las más duras torturas en casas de seguridad. Ahí están los cuerpos hallados en el rancho La Campana, en Chihuahua, en 1999, o las víctimas de San Fernando, Tamaulipas, masacre perpetrada por Los Zetas —atribuida en particular a Miguel Ángel Treviño Morales, alias *El Z-40*— después de que se indagó que se dedicaban al secuestro de migrantes para emplearlos en tareas del narcotráfico. Con la incorporación de los Kaibiles al cártel de Los Zetas, cambió radicalmente la forma de matar. Atrás, muy atrás, quedó el clásico tiro de gracia, tan socorrido por los grupos criminales, por ser el sello de la mafia. Ahora los cuerpos se descuartizan.

En la medida en que la guerra contra el narcotráfico subía de intensidad, un efecto contrario se hacía más evidente. Contra la lógica de que a mayor número de militares en las calles más sería la seguridad social, lo que se experimentaba en el país era un vacío de poder que iba en aumento. Esta sensación de inseguridad la gente la percibía en la piel porque en el fondo sabía que carecía de toda seguridad. Las policías de todos los estados y municipios habían dejado de responder, desde tiempo atrás, a los intereses sociales y comenzaron a coludirse con el crimen organizado.

En Guerrero, Tamaulipas, Nuevo León —por citar sólo algunos estados con mayor violencia —las policías estatales y federales operaban como garantes del orden durante el día, pero al caer la noche se dedicaban al secuestro, a la extorsión y a la detención de personas dedicadas al narcotráfico o al lavado de dinero, previamente señaladas como enemigos de los cárteles a los que ellos protegían. Su labor consistía en detenerlos, pero en lugar de ponerlos a disposición de alguna autoridad, los llevaban a casas de seguridad donde eran interrogados y posteriormente asesinados de un balazo en la cabeza. Acto seguido, se procedía a lo que ya era práctica común: quemar el cuerpo o enterrarlo en una fosa clandestina.

6
UN HOMBRE CONTRA UN EJÉRCITO

"Queremos tu rancho"

Con el paso de los años Los Zetas se convirtieron en una franquicia criminal rentable. Con el respaldo de los gobiernos estatales, de las policías y de muchos militares, el cártel creció tanto que está presente a lo largo y ancho de casi todo el territorio nacional —y más allá de nuestras fronteras—, sembrando violencia, terror, drama cotidiano, dolor y miedo sin que ninguna autoridad muestre capacidad de respuesta frente a sus acometidas.

En la diversificación de actividades criminales, Los Zetas no sólo han dedicado parte de sus esfuerzos al tráfico de drogas. Pronto se dieron cuenta que el contrabando también dejaba jugosas ganancias y establecieron vínculos con altos funcionarios que tienen a su cargo las 48 aduanas que operan en el país, a los que mediante coerción o "cañonazos" de dinero lograron convencer de que trabajaran para su causa.

Ambiciosos y sedientos de poder, Los Zetas no se conformaron con el tráfico de drogas ni con el contrabando. Insaciables, quisieron más y se adentraron al profundo mundo criminal y convirtieron en delito y negocio toda actividad que pudiera dejarles ganancias.

Comenzaron a cobrar derecho de piso a comerciantes grandes y pequeños. Pasaron por sus manos grandes empresarios, pero no escaparon al terror hasta los dueños de negocios de comida rápida, fondas, taquerías, vendedores de dulces, lustradores de zapatos, panaderos, entre otros, que semanalmente comenzaron a ser obligados a compartir sus ingresos, por modestos que fueran, con Los Zetas en cada municipio y región del país.

Los secuestros se convirtieron en otra actividad rentable, los cuales eran perpetrados por ellos con información que muchas veces provenía de los gobiernos estatales o de la policía, donde se hacían las listas de empresarios y comerciantes acaudalados para luego proceder a espiarlos y posteriormente secuestrarlos para exigirles jugosos rescates.

Sin embargo, Los Zetas descubrieron otra modalidad y la pusieron de moda: el despojo de propiedades. Es famoso el caso de don Alejo Garza Tamez, un empresario y ganadero de Tamaulipas a quien en el año 2010 Los Zetas pretendieron despojarlo del rancho "San José".

—Entregas el rancho o te mueres —fue la sentencia.

—Los espero mañana —les dijo don Alejo.

En cuanto se marcharon, don Alejo denunció lo sucedido ante las autoridades de Tamaulipas. La respuesta lo dejó frío cuando le dijeron:

—Es mejor que te arregles con ellos.

El ganadero, que bordeaba los ochenta años, esperó a los delincuentes completamente solo y atrincherado en su casa. En cada ventana tenía colocado un rifle de alto poder, listo para disparar. Cuando Los Zetas llegaron, comenzó el tiroteo. Alejo Garza mató a cuatro de ellos. Los gatilleros, sin embargo, le dispararon a don Alejo y lo asesinaron. Todo esto viene a cuento porque días previos a la intervención de Los Zetas don Alejo Garza había sido amenazado.

Después de enfrentar con valor a Los Zetas y morir "con orgullo y coraje" en la defensa de su patrimonio, ante el vacío de poder que existe en un país donde la mayor parte de los gobernadores y autoridades menores obedecen a los intereses de la delincuencia, don Alejo Garza Tamez pasó a la Historia.

Dos corridos lo han inmortalizado. Cientos de personas no terminan de reconocer el valor de don Alejo y al mismo tiempo se indignan por la inseguridad que priva en el país. La historia de don Alejo Garza Tamez se convirtió en *Trending Topic* en las redes sociales bajo el hashtag #Alejo, en "viva don Alejo Garza", que es la constante.

Y su fama después de muerto ya es de tal magnitud que la hazaña y el valor del empresario maderero se inmortalizó en "El corrido de don Alejo Garza", compuesto por Luis Elizalde.

Hombre bragado y valiente
No le importó su dolor
Nació norteño hasta el tope
Como tal defendió su honor
Salvó primero a sus hombres
Por los matones guardó
Llegaron a amedrentarlo
A balazos les contestó
Desde su nombre trinchera
Cuatro adelante se echó
Era su vida y su rancho
Era cuestión de su honor
Por eso murió a balazos
Por eso nunca se hincó
En la gloria está don Alejo
Él solito a su rancho salvó
Y los guachos están sorprendidos
Pues a ninguno necesitó

Otro corrido que da cuenta de esta hazaña se titula "El Valiente de Allende", escrito por Marcial Ruvalcaba, el cual también canta la batalla de don Alejo Garza para defenderse del despojo de Los Zetas:

Una bala va silbando
Va buscando a un delincuente
No es una bala cualquiera
La ha disparado un valiente
Que defendía sus terrenos
Un catorce de noviembre
El sol no quiso asomarse
Le dan asco las hienas
Don Alejo en el combate
Se defendió como fiera
Les demostró a los cobardes
Cuánto se quiere la tierra
Yo no regalo terrenos
Nunca fui beneficencia
Porque todo lo que tengo
Me lo he ganado a conciencia
Aquí no es nido de buitres
Tómenlo como experiencia
Allende no me recuerdes
Con tristeza ni dolor
A mi ranchito de Güemez
Vine a morir con honor
Qué bonito es Tamaulipas
Qué orgulloso es Nuevo León

"No confío en nadie, así está mejor"

Otras víctimas de Los Zetas corrieron con la suerte de vivir bajo la amenaza permanente de este cártel luego de ser despojados de sus propiedades.

"Yo soy gente de trabajo y me sigo preguntando por qué me pasó esto tan horrible. Se robaron mi tranquilidad y temo que un día vengan y me maten. Esta gente no respeta nada. Hoy les pagas y al rato vienen y masacran a toda tu familia. Así no puede uno vivir tranquilo".

Habla René Reyes Ramírez, ganadero y dueño del rancho "La Poma Rosa", ubicado a dos kilómetros de la cabecera municipal de Acayucan, Veracruz. Sicarios del cártel de Los Zetas lo secuestraron y luego lo despojaron de su propiedad para usarla como cementerio clandestino.

En entrevista, René Reyes narra lo que padeció en el año 2011, cuando lo secuestró "un grupo de encapuchados" que, según se supo después, eran sicarios al servicio de Los Zetas afincados en el corredor petrolero Coatzacoalcos-Acayucan, en el sur de Veracruz.

Cuenta que lo plagiaron en pleno centro del pueblo de Acayucan. "Ese día —recuerda —tomé mi camioneta y fui al pueblo a dar una vuelta, como siempre lo hacía; de pronto me interceptaron esas personas y me llevaron a la fuerza".

—¿Qué le dijeron? —se le pregunta.

—¿Qué me van a decir? Lo que le dicen a la gente que secuestran. Que cooperara o me mataban. Me llevaron a dar vueltas y más vueltas. No sabía ni dónde estaba porque me vendaron los ojos y me golpearon. Luego me llevaron a una casa y ahí estuve tres días. Querían que les diera dinero, que le dijera a mi esposa que le llevara una cantidad y se las entregara para que me dejaran libre.

—¿Cuánto le pidieron?

—No quiero hablar de ese tema.

—En otros casos han exigido hasta 5 millones de pesos.

—Fue menos. Pero perdí lo más importante de mi vida: mi tranquilidad. Ya nada es igual.

En medio de la constante amenaza de muerte, siempre encañonado, los plagiarios le exigían el dinero para dejarlo libre.

Pero había un problema: su esposa no tenía acceso a su cuenta bancaria. Reyes negoció con Los Zetas: les pidió que lo liberaran y se comprometió a liquidar el pago tan pronto juntara el dinero. Sus plagiarios aceptaron pero le advirtieron que si no pagaba, lo matarían a él y a toda su familia.
Una vez liberado le contó lo ocurrido sólo a su esposa. Luego vendió las vacas, pidió prestado, dispuso de lo que tenía en una cuenta bancaria y finalmente pagó. Pero la pesadilla no terminó ahí. Los Zetas le exigieron que les entregara su rancho, localizado a un kilómetro y medio de su casa. No se pudo negar.

—Sólo te pedimos que no vuelvas al rancho, que no te pares por ese lugar —le dijeron.

Reyes accedió.

—¿Por qué no denunció el secuestro y el despojo de su rancho? —le pregunto.

—¿Para qué? Aquí no hay justicia para nadie. Mas iba a tardar en denunciar que ellos en saberlo y mi vida vale más que lo que tengo. Les di el rancho porque pensé que así podía vivir tranquilo con mi familia. En un ranchito de 10 hectáreas donde tengo un ganadito, ya no mucho porque se ha ido acabando; pero yo sólo pensaba en mí, en mis hijos y mi esposa, y lo demás no me importó.

—¿Desconfió de las autoridades?

—Sí, aquí ya no sabe uno quiénes son buenos y quiénes son malos. Sólo Dios sabe y a él me encomiendo todos los días.

Reyes cuenta que con el paso de los días comenzó a observar que de día y de noche vehículos con gente armada y encapuchada entraban y salían del rancho que —supone— les servía de refugio a Los Zetas. Ahí sólo vivía un matrimonio, dice el ganadero, que cuidaba la propiedad; pero no aguantaron las presiones, se asustaron y se fueron.

"A veces pasaban seguido por aquí y en ocasiones tardaban varias semanas en regresar. Desde mi casa yo veía que pasaban y pasaban vehículos y suponía que eran ellos. Yo no me quise enterar de nada y hasta la fecha no me he parado por el rancho".

—¿Qué suponía que hacían ahí?

—Que se escondían. No me quise enterar porque durante todo un año y medio no se metieron conmigo y así vivía tranquilo.

—¿En verdad vivía usted tranquilo? —se le cuestiona.

—Bueno..., más o menos tranquilo; no se puede vivir tranquilo en medio de todo esto. Uno nunca sabe cuándo van a venir a matarlo, pero pensaba que a no se iban a meter conmigo y yo, la verdad, me desentendí del rancho y me olvidé del predio.

El señor Reyes asegura que no denunció los hechos ni piensa hacerlo ante las autoridades porque no tiene confianza en la justicia.

Se autodefine como una persona "de trabajo que suele ayudar a la gente" y niega estar ligado al crimen organizado, aunque reconoce que después de su secuestro ya carga con la mala fama de estar metido en el narco y todo esto ha surgido —aduce— sólo "porque a veces ayudo a la gente, les regalo un poco de carne".

René Reyes es propietario de varias carnicerías en Acayucan. Cada fin de año y cada 10 de mayo suele matar unas 15 vacas para vender el kilo de carne en 20 pesos o regalar alimentos a la gente que lo necesita.

"Esto lo he hecho porque me siento bien dándole alimento a la gente pobre, pero esta decisión me ha acarreado muchos problemas. Un día me vinieron a ver los marinos y me llevaron a un cuartel. Me preguntaron si yo era narco. Les dije que no, que sólo ayudo a la gente que lo necesita. Y me dijeron que eso que yo hacía también lo hacían los narcos.

"Y por hacer un bien salí perjudicado, porque mucha gente ahora piensa mal de mí, aunque aquí en el pueblo también hay muchas personas que me estiman. Soy muy conocido aquí porque patrocino equipos de fútbol, beisbol y, la verdad, son buenos equipos.

"Como le digo, yo no tenía problemas. Aquí se vivía muy bien. Todo eso de los secuestros y matanzas sólo lo veía en la televisión y en los periódicos, pero jamás pensé que esta pesadilla fuera a llegar hasta acá. Hoy ya no se puede hacer nada. Aquí no hay seguridad más que la que Dios le da a uno y para eso hay que pedirle todos los días, porque uno se puede acostar tranquilo pero no sabe si va a amanecer vivo.

—¿Conoce usted otros casos como el suyo en la zona?

—Se oye hablar mucho de eso por aquí y no sé ahora. Eso ya tiene un buen rato, como año y medio o dos años que se descompuso la cosa, y feo. Pero nada más se oye el ruido, yo no sé de nadie en particular. Ahora parece que se está medio componiendo esto con la llegada de los marinos, que andan por todos lados; vamos a ver cómo termina todo esto porque, no se crea, está muy mal.

René Reyes pensaba que con la entrega del rancho "La Poma Rosa" los sustos y las sorpresas habían llegado a su fin. Pero se equivocó. En realidad Los Zetas que lo plagiaron no sólo usaban el pedio como casa de seguridad, sino como cementerio.

En ese sitio fue enterrado un número aún no precisado de personas, hasta ahora no identificadas, presuntamente policías municipales de Acayucan, sicarios que traicionaron a la organización delictiva que no pagaron sus respetivos rescates y se presume que hasta algunos periodistas que desaparecieron pueden estar inhumados en ese terreno.

El tema de los entierros clandestinos salió a la luz entre el domingo 5 y el martes 7 de febrero cuando fue detenido Juan Francisco Alvarado Martagón, *El Pollo H*, identificado por la Procuraduría General de Justicia de Veracruz como líder de Los Zetas en el sur del estado.

Según las autoridades, este hombre era el artífice de muertes y secuestros en esa región ganadera, y su detención ocurrió cuando a bordo de un vehículo sin placas intentó evadir un retén a la entrada de Acayucan.

El Pollo H fue llevado a la Agencia Segunda del Fuero Común de la PGJ con sede en Acayucan, donde se integró la averiguación previa ACA/1/123/2012.

En el interrogatorio confesó ser miembro de Los Zetas y jefe de los halcones en la zona sur del estado. También dijo que en el rancho La Poma Rosa habían sido enterradas 15 personas.

Con base en estas declaraciones, las autoridades estatales y un equipo de peritos acudieron al predio, aún propiedad de René Reyes Ramírez, donde *El Pollo H* señaló los lugares en donde estaban enterrados los cuerpos. Los peritos excavaron y comenzaron a extraer restos humanos en descomposición.

En total se hicieron veinte excavaciones de donde extrajeron los restos casi completos de 14 personas, aunque el número de enterrados clandestinamente podría ser mayor; en el fondo de las fosas excavadas se observó una sustancia blanca que hizo sospechar a los peritos de la procuraduría que los sicarios cocinaban a sus víctimas; es decir, las deshacían con ácido o sosa cáustica. Había también restos de cadáveres quemados.

Los peritos no han podido identificar a nadie hasta ahora, pero trascendió que entre los 14 cuerpos que extrajeron están los que presuntamente corresponden a tres policías municipales: María del Carmen Domínguez Cadena, Ceferino Santiago Jiménez y uno más que fue identificado como *El Palillo*. Los dos primeros desaparecieron en junio de 2010, luego de participar en un operativo para recuperar un taxi robado.

También se cree —aunque las autoridades estatal no han podido confirmarlo —que en el rancho La Poma Rosa podrían estar los restos de Gabriel Manuel Fonseca Hernández, *El Cuco*, de 17 años, reportero del diario local *El Mañanero*, quien desapareció en Acuyucan el 17 de septiembre de 2011.

Los despojos fueron trasladados al Servicio Médico Forense de Minatitlán, donde aún está en curso el proceso de identificación.

—¿Qué pensó cuando supo que su rancho servía como cementerio de Los Zetas? —le pregunto a René Reyes, quien permanece sentado con los codos apoyados en una mesa.

—No lo podía creer.

—¿Sabía usted de esos entierros clandestinos?

—¡Para nada! Ni he ido al rancho desde que me lo quitaron. A mí me dijeron: "No te pares por el rancho". Y no he ido ni iré hasta que un sacerdote venga a hacer una misa. Ese lugar está perdido. Creo que con todo lo que pasó ni lo podré vender. ¿Usted cree que alguien podrá vivir tranquilo ahí?

—¿Lo interrogó la PGR sobre lo ocurrido? ¿Le notificaron que su rancho podría quedar asegurado?

—A mí no me vino a ver nadie. Los marinos vinieron a verme en una dos o tres veces, me llevaron a un cuartel y me interrogaron. Les conté todo lo que pasó y cómo me pasó y eso fue todo. No me han dicho que el rancho esté asegurado ni nada de eso. Ya no quiero problemas, todo esto me ha perjudicado mucho y lo que deseo es vivir tranquilo con mi familia. Y aquí la voy pasando como Dios me lo presenta y eso es todo.

—¿Ha pensado irse del pueblo?

—¿A dónde voy a ir? Sólo sé trabajar la tierra y criar ganado. Aquí me voy a quedar. No tengo por qué ir a otro lado a dar lástima. Sé que estamos viviendo una dura crisis, tengo 48 años y siento que me quedan muchas fuerzas para seguir trabajando y salir adelante. Esto fue como una maldición, y créame que no se lo deseo a nadie. Le roban a uno la tranquilidad, el sueño, la vida. Después de lo que viví ya no se puede vivir en paz.

—¿A qué le teme?

—A la muerte. Tengo mucho miedo de que esas gentes (Los Zetas) vengan otra vez y me maten junto con mi familia.

—¿Ha pedido el apoyo de las autoridades para que le den seguridad?

—No

—¿Por qué?

—No confío en nadie. Así está mejor.

Tercera parte

FRANQUICIA CRIMINAL

7
Los Zetas y la Santa Muerte

Como parte de sus rituales, Los Zetas se han ligado a diversas creencias y cultos con el objeto de ganar poder, dinero, impunidad y protección. De acuerdo con diversos testimonios consultados, algunos miembros de Los Zetas suelen realizar rituales después de que dan muerte a un rival. Si la víctima fue destazada, depositan los despojos en un tonel, le prenden fuego y posteriormente se juntan en círculo para llevar a cabo un rito que consiste, según esa práctica, en "fumarse al muerto".

Sentados a lo largo y ancho de una habitación, algunos de estos sicarios le hablan al muerto por su nombre. Le dicen: "fulano de tal, tú no te irás de nosotros, te quedarás aquí y nos darás protección", al tiempo que comienzan a fumar mariguana mezclada con cocaína y ceniza de muerto.

El ritual puede tardar toda la noche y terminar en una orgía de droga y alcohol. Estas prácticas, según testimonios revisados, se llevaron a cabo en Tamaulipas, Nuevo León y Coahuila –enclaves de Los Zetas– donde perpetraron cientos de asesinatos y provocaron desapariciones hasta la fecha impunes.

Los Zetas son tan creyentes de la Santa Muerte como los miembros del cártel de Sinaloa lo son de Malverde, el forajido y delincuente canonizado por la mafia. De acuerdo con su fe, La Santa Muerte les da protección y está presente, tanto en momentos buenos como malos.

Suelen portar la figura de la Santa Muerte colgada al cuello, le rinden culto en su altar cubierto de flores, veladoras, pan, agua.

Con el propósito de que la protección que ellos creen tener no les falte. A cambio, Los Zetas le ofrecen la sangre de sus rivales.

Testimonios de un miembro del cártel de Los Zetas detenido en Estados Unidos y juzgado en Texas, así como las declaraciones de Chris Díaz, agente de la DEA, detallan los rituales y sacrificios humanos que realizan los integrantes de ese grupo criminal.

Durante el juicio que se sigue a Gerardo Castillo, presunto miembro de Los Zetas, el agente de la DEA Chris Díaz testificó sobre la forma en que sicarios de Los Zetas le brindaron a la Santa Muerte la sangre de un adolescente rival que fue asesinado y quien fue identificado como Alfonso Avilés y miembro del cártel de Sinaloa.

Según el agente, Los Zetas torturaron al joven y luego lo destazaron. Lo mantuvieron con el vientre abierto y le pusieron una copa para hacer un brindis a la Santa Muerte. Los cuerpos de Avilés y de otras víctimas fueron descubiertos mediante la información obtenida a través de las escuchas telefónicas.

La declaración de Chris Díaz coincide con otros testimonios rendidos por otros integrantes del cártel de Los Zetas, entre ellos Raúl Jasso Jr., quien dio cuenta de otros casos de tortura y sacrificios humanos, uno de ellos, dijo, fue el de Inés Abundo Villarreal y Alfonso Avilés, miembros del cártel de Sinaloa, quienes fueron detenidos por Los Zetas cerca del puente internacional de Nuevo Laredo.

Jasso explicó que otro Zeta de nombre Jesús González golpeó en la cabeza a Avilés y luego, junto con Villarreal, fueron llevados ante el supervisor Gabriel Cardona, quien actualmente purga en Texas una condena de ochenta años de prisión.

Posteriormente –prosigue Jasso– Cardona torturó y mató a Alfonso Avilés y junto con Villarreal fueron colocados en un tambo y los quemaron con gasolina hasta que quedaron convertidos en cenizas.

Otros testimonios dan cuenta de entierros humanos donde las víctimas están con vida. Los cuerpos son atados de pies y manos con cinta canela, les cubren los ojos y son amordazados. Luego, con aspecto de momia, son arrojados en la profundidad de una excavación y son sepultados con trascabos; en otros casos se vacían sobre los cuerpos grandes cantidades de cemento fresco, hasta que sólo queda una plancha sólida.

Cabe decir que Los Zetas fueron los primeros que pusieron en boga las decapitaciones en México hasta convertirse en una suerte de marca, como sello característico. Hace una década escandalizaron al país exhibiendo el horror. Cabezas humanas rodaban como bolas de billar por doquier. Se afirma que muchas decapitaciones se realizaban después de que la víctima había sido interrogada y asesinada.

Otros testimonios dan cuenta de que las decapitaciones se efectuaban cuando la víctima estaba aún con vida. Atada de pies y manos, sentada en una silla, los verdugos de Los Zetas encienden una sierra para cortar troncos y cercenan el cuello dc la víctima. La cabeza cae al piso y, según expertos consultados, al momento del desmembramiento el individuo puede verse decapitado, por breves segundos.

De esta forma, Los Zetas rinden culto a la muerte.

8
TAMAULIPAS: LOS NARCOGOBERNADORES

Los testaferros de Tomás

El auge del cártel del Golfo y de Los Zetas no tienen explicación sin un componente pernicioso: la protección política. Sí, en Tamaulipas se tejió una red de complicidades que permitieron la expansión de dos poderosas organizaciones que hoy se disputan amplias franjas territoriales en todo el país.

Y aún cuando los ex gobernadores Manuel Cavazos Lerma, Tomás Yarrington Ruvalcaba y Eugenio Hernández habían sido blanco de sospechas, escándalos y señalamientos desde Estados Unidos por sus presuntos vínculos con el narcotráfico, lo cierto es que durante los gobiernos de Vicente Fox y buena parte del sexenio de Felipe Calderón no se habían constituido investigaciones serias que sacaran a flote hasta donde llegaban sus presuntos nexos con la mafia.

Al final del sexenio de Calderón, cuando la elección presidencial del 2012 estaba en puerta, se dijo que Felipe Calderón estaba acusando falsamente a los ex mandatarios tamaulipecos porque pretendía desprestigiar al PRI para supuestamente descarrilar al candidato presidencial de ese partido, Enrique Peña Nieto.

Lo cierto es que las investigaciones en contra de Tomás Yarrington las inició el extinto fiscal José Luis Santiago Vasconcelos, pues desde el año 2000 la Procuraduría ya contaba con evidencias de que en el gobierno de Yarrington se protegieron los intereses del narcotráfico.

Pero el involucramiento de los tres ex gobernadores con el crimen organizado formalmente se comenzó a indagar en el año 2009. Las sospechas contra ellos se articulaban por los delitos de lavado de dinero, enriquecimiento ilícito y por el asesinato de Rodolfo Torre Cantú, ocurrido el 28 de junio de 2010, perpetrado supuestamente por Los Zetas, aunque nunca se ha descartado que detrás del magnicidio también participaron políticos tamaulipecos y hasta operadores del PRI.

Y es que a los tres ex gobernadores se les descubrieron propiedades registradas a nombre de diversos testaferros, muchas de las cuales están afincadas en Estados Unidos y que presuntamente fueron adquiridas con dinero del narcotráfico.

El asunto cobró tanta relevancia, que el 30 de enero de 2012 Jaime Carranza, comandante del aeropuerto de Tampico, envió un escrito al delegado del Instituto Nacional de Migración en el que solicitaba el apoyo "para no autorizar la salida del país a los ciudadanos incluidos en un oficio de la PGR".

El dato se filtró a los medios de comunicación y sobrevino el escándalo: desde la cúpula del poder se ordenó la destitución de Jaime Carranza "por extralimitarse en sus funciones". Al menos eso le dijo el entonces titular de la Secretaría de Comunicaciones y Transportes, Dionisio Pérez Jácome. Y es que, según las explicaciones que oficialmente se dieron sobre este hecho, la orden no era impedirles la salida del país a los ex gobernadores Manuel Cavazos, Tomás Yarrington y Eugenio Hernández, sino vigilar tanto sus entradas como sus salidas.

Sin embargo, la PGR confirmó después que, en efecto, existía una investigación en contra de los ex mandatarios por parte de la Unidad Especializada de Investigación de Delitos contra la Salud y que se había integrado la averiguación previa PGR/SIEDO/UEIDCS/012/2009.

Según se pudo saber, la indagatoria en contra de los exgobernadores no era reciente: se había iniciado en 2009, justamente cuando fue detenido Miguel Ángel Soto Parra, miembro fundador de la organización criminal Los Zetas quien, como testigo protegido de la PGR declaró, entre otras cosas, que entre 1998 y 1999 trabajó en Tamaulipas como agente comisionado de la extinta Policía Judicial Federal y que durante ese lapso brindó protección al entonces jefe del cártel del Golfo, Osiel Cárdenas Guillén.

Lo relevante de la detención de Soto Parra es que la información que tenía sobre las redes de narcotráfico en Tamaulipas lo convirtieron, a su vez, en testigo protegido en el juicio que se integró contra Cárdenas Guillén en Estados Unidos y ante las autoridades estadounidenses declaró que Cavazos Lerma, Yarrington Ruvalcaba y Eugenio Hernández tuvieron relación con Cárdenas Guillén y que sus lazos eran tan estrechos, que incluso los tres exgobernadores realizaron varios viajes para encontrarse con el capo.

Con tales elementos —aunque en realidad la PGR cuenta con información sobre los vínculos de estos políticos con el narco desde 1998— la PGR inició en febrero de 2012 tres indagatorias más en contra de funcionarios del gobierno de Eugenio Hernández por sus presuntos nexos con el narcotráfico. Una más relacionada con el asesinato del candidato del PRI al gobierno de Tamaulipas, Rodolfo Torre y una tercera que implicó al exgobernador Manuel Cavazos por el nombramiento, en 1993, de Raúl Morales como subprocurador General de Justicia a pesar de que en su expediente existía el antecedente de haber sido abogado del capo Juan Nepomuceno Guerra, fundador del cártel del Golfo y tío de Juan García Abrego, líder de esa organización de 1988 a 1994.

El nudo de las investigaciones en contra de los ex gobernadores tenía que ver con el narcotráfico, pero también con el descomunal enriquecimiento de los tres políticos tamaulipecos. En las investigaciones se afirma que Cavazos, Yarrington y Hernández hicieron negocios millonarios con la construcción de casas a través de prestanombres. El dinero, según las investigaciones, provenía de Los Zetas y del cártel del Golfo.

Según las investigaciones de la PGR, sus vínculos con el narcotráfico iniciaron en 2002, durante el sexenio de Tomás Yarrington, a través de un personaje conocido como Mohamed Farough Fatemi, un empresario de alrededor de 40 años al que se le identificó como uno de los prestanombres de los tres ex gobernadores. Otros testaferros, de acuerdo con la PGR, son Fernando Cano Martínez y Óscar Gómez Guerra, cuñado de Eugenio Hernández, según las indagatorias realizadas dentro y fuera de México.

A partir de la vinculación con Farough Fatemi, el exgobernador Tomás Yarrington pudo comprar en Altamira, Tamaulipas, entre otras propiedades, un terreno de 250 hectáreas para diseñar un complejo residencial a la orilla del mar, en cuyo proyecto se involucraron las empresas Constructora Santa Dolores y Grupo Inmobiliario Comon, según consta en la averiguación previa PGR/SIEDO/UEIDCS/012/2009, la cual se integró a partir de tres averiguaciones más en las que los ex gobernadores son señalados de haber permitido, durante sus respectivos gobiernos, la incidencia de los cárteles del narcotráfico en los procesos electorales de Tamaulipas.

Los antecedentes en torno a Tomás Yarrington Ruvalcaba indican que las investigaciones en su contra iniciaron en 1998, cuando todavía era gobernador de Tamaulipas. Las pesquisas en su contra comenzaron cuando el abogado José Luis González Meza y José Puente, embajador de México en Nicaragua, lo denunció por tráfico de influencias y lavado de dinero proveniente del cártel del Golfo, según consta en el expediente 146/DGMPE-EB/98.

El entorno de Yarrington se empañó no sólo por dichas denuncias sino porque públicamente fue señalado de servir a los intereses del narcotráfico desde el poder político. Un hecho que alcanzó dimensiones insospechadas fue el desplegado que el 1 de febrero de 2005 publicó el periódico *Reforma*, en el que el empresario tamaulipeco Rogelio Villa García acusó a Yarrington de estar vinculado con Osiel Cárdenas cuando era gobernador de Tamaulipas.

Elocuente en detalles y datos, el contenido del desplegado fue una bomba: "Durante el gobierno de Yarrington se reestructuró, creció y fortaleció a un nivel muy elevado el cártel de Osiel Cárdenas. ¿Financia al ex gobernante en su pretensión de ser considerado uno de los prospectos del PRI a la candidatura presidencial?"

Yarrington no tardó en responder al golpe. Dijo que el desplegado estaba plagado de mentiras y de infundios. El firmante del desplegado, extrañamente desapareció del mapa. Tiempo después, José Antonio Guajardo Anzaldúa, candidato del PT al gobierno municipal de Río Bravo, denunció en 2006 la intromisión del cártel del Golfo en las elecciones municipales de Tamaulipas. Y fue silenciado. El 29 de noviembre de 2006 lo ejecutaron. Lo que sobrevino fue el triunfo avasallador del PRI que ganó la mayoría de las alcaldías y diputaciones locales.

La presunta relación de Tomás Yarrington con el narcotráfico pronto se ventiló en cortes estadounidenses, donde los expedientes continúan abiertos. Quien tuvo en sus manos el expediente del ex gobernador fue la juez federal Nancy Stein Nowark en la Corte de San Antonio, Texas.

A Yarrington se le investiga en Estados Unidos por varios delitos. Tiene, por ejemplo, una demanda judicial que se dio a conocer en febrero de 2012 en la que se le vinculó con Antonio Peña Argüelles, a quien la DEA acusa de lavar dinero del cártel del Golfo. El caso se ventiló en la Corte Federal del Distrito Oeste, en San Antonio, Texas.

En otra investigación, se le relaciona con Alejandro Cano Martínez, hermano de Fernando, el prestanombres de Yarrington, y que está radicada en la Corte Federal del Distrito Sur, en Brownsville; una más es la demanda civil que enfrenta Yarrington por el decomiso de un condominio en Isla del Padre, la cual se desahoga en la Corte Federal del Distrito Sur, en Corpus Christi y otra causa también de carácter civil fue presentada ante la Corte Federal del Distrito Oeste en San Antonio para confiscar un terreno de 18 hectáreas.

Cavazos Lerma, involucrado en la ligazón de intereses con el narcotráfico, expuso que el gobierno de Felipe Calderón utilizó la guerra sucia y los golpes mediáticos para que el PAN subiera en las encuestas. También dijo que estaba tranquilo porque, según él, "el que nada debe nada teme".

En una entrevista publicada por el semanario *Proceso* en su edición 1840, el ex gobernador Eugenio Hernández —quien ya estaba sacudido por los señalamientos y por las investigaciones por narcotráfico y lavado de dinero— habló de su situación legal y dijo: "Estoy limpio. No me voy a amparar, no voy a huir".

Según dijo, tenía conocimiento de la indagación desde el 2009 y tampoco ignoraba que en la denuncia también implicaban a Tomás Yarrington, porque antes de dejar la gubernatura el entonces procurador Arturo Chávez Chávez le confirmó que existía una investigación en su contra, pero nunca fue llamado a declarar.

Durante aquella entrevista, realizada por el reportero José Gil Olmos, el ex mandatario fue cuestionado sobre tres atentados que había sufrido; sobre el supuesto encuentro con Heriberto Lazcano, otrora líder de Los Zetas, quien supuestamente lo golpeó; sobre su hermano Eduardo, quien también habría sido golpeado por los narcos y sobre la matanza de algunos caballos finos, de su propiedad.

Cuenta Gil Olmos: "Hernández Flores toma agua y demora la respuesta". Al final dice el ex gobernador: "Todo es absolutamente falso. Nunca hubo un atentado contra mí ni contra miembros de mi familia; jamás tuve comunicación con esas personas. Fui muy cuidadoso en esos temas, me cuidé en extremo porque tenía claro que no debía hacerlo y que no me fueran a culpar de eso; fui intachable en mi sexenio y afortunadamente mis caballos están bien, nunca hubo un atentado o un ataque contra alguna de mis propiedades. Son falsas esas aseveraciones, totalmente falsas.

—¿Tampoco contra su familia, porque hay una versión de que su hermano Eduardo fue golpeado por uno de esos grupos criminales y usted lo llevó al hospital? —Le preguntó el periodista.

—No, para nada. Afortunadamente nunca tuvimos esos problemas. Hubo otras amenazas, pero las normales, en el ejercicio del poder; nada fuera de eso. A finales de 2008 mi esposa sufrió una balacera, fue atacada por la Policía Federal en Ciudad Victoria. Afortunadamente, no pasó a mayores. Me llamó el presidente de la República para atenuar las cosas, me mandaron a personal de la Policía Federal a disculparse. Yo entendí que fue una equivocación.

La entrevista fluye y llega al punto más sensible: el asesinato del candidato del PRI, Rodolfo Torre Cantú, quien presuntamente fue ejecutado por el narcotráfico con la presunta complicidad de varios operadores del PRI que trabajaban en Tamaulipas.

Al respecto Eugenio Hernández —quien como gobernador viajaba frecuentemente a Europa y particularmente a Suiza— expuso: "Cuando mataron a nuestro candidato en 2010, la procuraduría estatal inició la investigación. Días después, la PGR atrajo el caso. Yo les dije que quería declarar porque podría aportar algunos elementos; era importante mi declaración. Así lo hice siendo gobernador. Declaré por escrito a la PGR, y así debe constar en el expediente".

Hernández Flores vuelve a tocar el tema de la investigación en su contra por narcotráfico y lavado de dinero y dice que no se amparará: "Vamos a ver primero de qué se trata. Yo estoy muy tranquilo [...] Fui muy cuidadoso de hacer todo dentro de la legalidad. He sido empresario desde 1982. En ese ámbito soy exitoso y eso me ha permitido tener recursos. Tengo justificados todos y cada uno de mis bienes; tengo plenamente apoyada cualquier tipo de situación financiera.

—¿Está usted limpio?

—Estoy limpio y listo para ir a declarar. Estoy listo para aclarar cualquier tipo de situación ante la PGR, o cualquier institución que así me lo requiera.

—¿No se va a esconder? ¿No se va a amparar?

—No, no me voy a esconder. Por el momento quiero saber

cuál es mi situación jurídica. De que se nos acusa [se refiere a Cavazos, Yarrington y él] y de qué se nos puede acusar [...] No van a encontrar nada. Lo peligroso es que usen los dimes y diretes de los testigos protegidos, una figura desgastada, desacreditada que nuestro sistema judicial debe revisar".

El gobernador de *El Z-40*

La autodefensa de Eugenio Hernández —quien jura y perjura estar limpio y no tener vínculos mafiosos— es derribada por el testigo protegido con clave *Ángeles*, quien en las averiguaciones previas PGR/SIEDO/UEIDCS/082/2009 Y PGR/SIEDO/UEIDCS/147/2007 refiere que durante su precampaña política Eugenio Hernández se reunió en varias ocasiones con Miguel y Omar Treviño Morales, entonces piezas claves del cártel del Golfo y de Los Zetas en Tamaulipas.

Ángeles tiene nombre y apellidos y una larga historia en el crimen organizado. Su nombre es Antonio Peña Argüelles y militó en el cártel del Golfo y en el de Los Zetas como lavador de dinero junto con su hermano Alfonso. Actualmente está preso en Estados Unidos, donde enfrenta cargos por narcotráfico y lavado de activos. Su caso está radicado en la Corte Federal para el Distrito Occidental del estado de Texas, en la ciudad de San Antonio, donde enfrenta la demanda criminal SA-12-m-120.

Lo que el testigo no quiere, es salir de la prisión, donde está a salvo, sobre todo después de que fue amenazado de muerte por el cártel de Los Zetas. Su historia establece que junto con su hermano Alfonso se dedicaron durante los primeros años de la primera década del siglo a lavar dinero del narcotráfico en el mercado estadounidense, por lo que la DEA les puso el reflector. Un día los hermanos Peña Argüelles cometieron un error, quizá impulsados por la ambición: le robaron casi cinco millones de dólares a Miguel Treviño Morales, el capo de Los Zetas detenido en agosto de 2013.

A partir de ese hecho, todo comenzó a ir mal para los hermanos Argüelles: el 29 de noviembre de 2011 Alfonso fue ejecutado en Ciudad Victoria, Tamaulipas. Algunas horas después, Antonio recibió un mensaje con las siguientes palabras:

—No vas a encontrar un lugar donde esconderte.

La advertencia era directa, sin rodeos. Y entonces Antonio recurrió a su amigo Eduardo Valle, *El Búho*, miembro destacado del movimiento estudiantil de 1968, para pedirle ayuda. Valle no lo pensó dos veces y de inmediato lo puso en contacto con la oficina central de la DEA en San Antonio, Texas, donde lo recibieron.

Los agentes de la DEA pusieron sus condiciones: le darían la protección pero tenía que declarar todo lo que sabía sobre las operaciones de narcotráfico del cártel del Golfo y de Los Zetas en Tamaulipas, así como dar a conocer los alcances de las relaciones entre políticos tamaulipecos y las organizaciones criminales que operan en esa entidad. No fue todo: también le pidieron que tenía que aceptar como propia toda información que ellos quisieran legitimar.

A partir de entonces, Antonio Argüelles comenzó a declarar en contra de los exgobernadores Manuel Cavazos, Tomás Yarrington y Eugenio Hernández, quienes actualmente tienen expedientes abiertos ante la justicia norteamericana por sus presuntos nexos con el narcotráfico, en particular con los cárteles del Golfo y de Los Zetas.

Antonio Argüelles es un hombre acaudalado, según reconoce en su propia declaración ministerial, en la que afirma que es ganadero, ser propietarios de lotes comerciales, ranchos con miles de cabezas de ganado y venados de cola blanca, de los más finos. También posee residencias ubicadas en zonas de alta plusvalía. Cuenta con aviones Sabres 60 y avionetas marca Cesna, los cuales —dice— están a nombre de Fernando Cano, el personaje señalado como uno de los principales testaferros de Tomás Yarrington. Su relación con Miguel Treviño Morales legó a ser tan estrecha, que a través del llamado *Z-40* intervenía para imponer a decenas de presidentes municipales en Tamaulipas. Un caso fue el de Daniel Peña Treviño, de quien dice: "En agosto de 2004 le pedí a Miguel Ángel que interviniera para que fuera presidente municipal de Nuevo Laredo para el trienio 2005-2007" Y a cambio recibió un pago de seis millones de pesos de parte de Peña Treviño por sus favores, pues para que una persona fuera electa en un puesto de elección popular, primero se tenía que contar con la anuencia del cártel y no únicamente del partido postulante.

Y añade: "Quiero agregar que la riqueza que poseo la empecé a acumular desde los años ochenta hasta el año de 1994, ya que mantuve el control de la fayuca, en específico de aparatos electrónicos, a través de las aduanas de Nuevo Laredo, Tamaulipas, incluyendo el embarque desde los Estados Unidos y su entrega en el mercado informal de Tepito, en la Ciudad de México, con la protección de diversas autoridades, entre quienes puedo mencionar a los comandantes Rivielo y Guillermo Salazar, de la Policía Judicial Federal, así como de los comandantes de la Policía Fiscal de la aduana de Nuevo Laredo, Artemio Maldonado, alias *El Tacón Dorado* y Juan Martínez. También me protegía el administrador de la aduana, a quien identifico como el licenciado Terrazas.

"Quiero manifestar que consideren la posibilidad de que a través de *Tony La Amenaza* y de *El Grande*, junto con la mamá de éste y *El Pollo García*, de quienes sé dónde pueden ser ubicados, se puede dar con el paradero de Miguel Treviño Morales, alias *El Z-40*, de Heriberto Lazcano Lazcano, y de otras personas muy cercanas a ellos que son miembros de su organización criminal".

La declaración del testigo es abundante en detalles, que cobran relevancia a raíz de las investigaciones que se iniciaron tanto en México como en Estados Unidos en contra de los ex gobernadores por los delitos de narcotráfico y lavado de dinero. El testigo *Ángeles* señala, por ejemplo, que fue Fernando Cano —señalado en las investigaciones de la PGR como otro de los prestanombres importantes de Tomás Yarrington— quien fue metiendo a Eugenio Hernández en el ánimo de Yarrington para que fuera su sucesor en el gobierno de Tamaulipas, cuando el sexenio estaba por finalizar.

Cuando estaba activo en el narcotráfico, el testigo *Ángeles* formó parte del cártel del Golfo y mantuvo estrecha relación con prominentes figuras del cártel del Golfo y de Los Zetas, entre otros, Miguel y Omar Treviño, Heriberto Lazcano, José Guadalupe Rivera Hernández, *El Gordo Mata*; Eduardo Costilla, *El Coss*, así como importantes figuras políticas de Tamaulipas que estaban vinculadas con la organización criminal.

Cuenta que aproximadamente en el año 2003, el cártel del Golfo se posicionó en la ciudad de Nuevo Laredo, Tamaulipas. Dicho territorio, dice, se pudo recuperar porque durante largo tiempo estuvo dominado por Dionisio García, cabeza del grupo delictivo conocido como Los Chachos.

Expone que poco tiempo después de que conoció a Guadalupe Rivera Hernández, quien se dedicaba a la compra y crianza de toros Bismarck estableció relación con Miguel Ángel Treviño Morales, quien en aquel entonces "era un ayudante más" y que tuvo conocimiento de que años atrás "era el lavacarros de Los Texas", otro grupo criminal que operaba en Tamaulipas. Como *El Gordo Mata* descuidó la plaza por problemas de drogas y alcohol, tuvo que ser destituido y castigado. Fue cuando Treviño Morales se hizo del control de la plaza de Nuevo Laredo y en ese momento el declarante estrechó aún más los lazos de amistad con Treviño.

En una ocasión, recuerda, el declarante le preguntó a Miguel Ángel Treviño si Eugenio Hernández era un buen candidato para gobernador. Según Ángeles, Treviño le respondió que lo iba a pensar. Momentos después le preguntó cuánto dinero iba a necesitar, a lo que el testigo le respondió que no se necesitaba dinero, que era una cuestión de hombres y que sólo le pedía que apoyara a Eugenio y que él (el declarante) fungiría de enlace entre ellos.

El testigo Ángeles detalla que el 6 de enero de 2006 se realizó una fiesta para festejar el cumpleaños del agente aduanal Edmundo González, a quien él personalmente llevó a la fiesta a Eugenio Hernández, que en aquel entonces era el presidente municipal de Ciudad Victoria. La fiesta, dice, se aprovechó para destapar a Eugenio y hablar del proyecto para contender por la gubernatura del estado.

De esa manera, señala, Eugenio fue avanzando en la obtención de la candidatura y el declarante, a su vez, fue haciendo los amarres para que el nuevo gobierno no interviniera en contra del cártel del Golfo. Así, en el transcurso del año 2003, Ángeles fue testigo de cómo Eugenio Hernández y Miguel Treviño Morales "fueron creciendo en su poder, uno en el ámbito político y el otro dentro del cártel del Golfo".

Dice el testigo: "El declarante fue haciendo los amarres para que se [dejara] trabajar al cártel citado en el estado, mientras que Eugenio fue como precandidato, después candidato y finalmente gobernador electo. En el año 2005 tomó la gubernatura".

Tan pronto Hernández Flores se entronizó en el poder, las cosas empezaron a ir mal para el cártel del Golfo. El gobernador había nombrado al general Luis Gutiérrez como secretario de Seguridad Pública y éste comenzó a golpear al cártel del Golfo, lo que molestó a Miguel Ángel Treviño y a toda la plana mayor de la organización criminal, pues según el testigo el militar estaba arreglado con el cártel de Sinaloa y "traía los dados cargados".

Según Ángeles, él habló con el gobernador Eugenio Hernández y el general Gutiérrez fue separado del cargo, "lo que fue tomado por la compañía o el cártel como una consecuencia del reclamo". Así pudo elevar sus bonos ante el consorcio criminal. Tiempo después el testigo colaborador fue llamado por el Buró Federal de Investigación (FBI), en particular por el agente Arturo Fontes y otro al que sólo refiere como *Fernando*, quienes lo interrogaron respecto a un video que, según explica, daba cuenta de una masacre de Zetas.

Ante los agentes estadounidenses, el testigo colaborador propuso que él podía ser "un pacificador" entre los grupos rivales que se disputaban la plaza. "Los convencí —dice el testigo —y empezamos una relación de intercambio de información con esas autoridades.

De acuerdo con el testigo, la primera intervención que hizo como informante del FBI fue mediar con Miguel Ángel Treviño Morales, para saber qué había pasado con Librado Piña, un empresario acaudalado de Texas que había sido "levantado" por Treviño junto con su hijo. Los agentes del FBI también quisieron saber lo que había ocurrido con otro hombre "muy rico de Monterrey", un agente aduanal ligado a la cervecería Corona, empresa de la que, según el testigo, es propiedad de una señora de apellido Aramburuzabala, a quien refiere como una persona muy cercana a Tony Garza, ex embajador de Estados Unidos en México.

Dice el testigo que los agentes del FBI le pidieron su opinión respecto a estos hechos de secuestro, a lo que él respondió: "Debió ser por alguna cuenta pendiente de Librado o por algo que hizo" y, en ese momento, cuenta, le llamó por radio a Miguel Ángel Treviño Morales, *El Z-40*, le explicó la situación de las personas plagiadas e inmediatamente "los dos hombres ricos fueron puestos en libertad al igual que el hijo de Librado". El testigo menciona que luego tomaron como sorna la liberación de Librado Piña, de quien decían en tono de burla: "la libró Librado".

El testigo protegido señala en su testimonio que, debido a esa intervención lo felicitaron los agentes del FBI por los buenos resultados, los cuales había obtenido debido a su estrecha relación con Miguel Ángel Treviño Morales, de quien supo después, según dice, que dentro de la compañía se le conocía como *El cuarenta* y era el responsable de la plaza de Nuevo Laredo, mientras que Omar Treviño, hermano de Miguel, a quien se le conoce como *El cuarenta y dos* y es de los que tienen mayor nivel dentro del cártel junto —en aquel momento, se aclara— con Heriberto Lazcano Lazcano, a quien dentro de la organización le llamaban *El Catorce* y que era el jefe del brazo armado del cártel del Golfo, es decir, de Los Zetas.

El testigo *Ángeles* cuenta algunas de las andanzas de Miguel Ángel Treviño, *El Z-40*. Dice, por ejemplo, que en el año 2006 Treviño "levantó" al entonces candidato del PRI a diputado Horacio Garza Garza, quien le dijo al testigo que le dijera al gobernador "que fuera a chingar a su madre" y que si quería le retirara la candidatura a diputado. En medio de amenazas, Garza ganó la diputación pero intentaron matarlo cuando se dirigía al aeropuerto. Ese día rafaguearon su camioneta y murió su chofer. De acuerdo con la declaración del testigo, Miguel Ángel Treviño le comentó que el autor de ese atentado había sido él.

Durante su declaración ministerial, la cual fue ampliando en distintos momentos, el testigo *Ángeles* fue aportando mayores datos sobre el rompecabezas de la narcopolítica en Tamaulipas y la cauda de funcionarios que, según dijo, están vinculados con el cártel del Golfo y con Los Zetas.

"Quiero agregar que muchas personas y servidores públicos del estado de Tamaulipas están relacionados con el cártel del Golfo y con Los Zetas; que hasta marzo de 2003 la plaza de Nuevo Laredo era manejada por *El Chacho* García, quien era amigo de Osiel Cárdenas y a quien conocí por medio de mi hijo, Alberto Peña Rodríguez, ya que el hijo de *El Chacho*, a quien le dicen *El Bebo*, era compañero de mi hijo en la escuela".

Refiere que su relación con Miguel Ángel Treviño Morales fue estrecha y recuerda que lo conoció en el verano de 2003. Enseguida describe la media filiación del llamado *Z-40*: "Tiene aproximadamente 38 años de edad, es de complexión corpulenta, mide un metro con setenta centímetros, aproximadamente, tiene orejas muy macadas, es de piel morena y que lo conoció un día que llegó a su rancho "La Reforma", adonde acudió buscando al *Gordo Mata*, pues quería adquirir algunos toros Bismarck y yo le comenté que tenía toros de ese tipo en mi rancho y que se localizaba a unos siete kilómetros, ya que yo soy ganadero y estoy dado de alta.

En el testimonio que Ángeles rindió el 15 de agosto de 2009, retomó el tema de los presuntos vínculos del exgobernador Eugenio Hernández con Miguel Ángel Treviño Morales, *El Z-40*, sobre cuya relación añadió:

"Que respecto a los amarres que hacía el declarante entre Miguel Treviño y Eugenio Hernández Flores, aspirante a candidato a gobernador, era que respetara al señor Eugenio Hernández como posible candidato a ese cargo; es importante señalar que de parte de Miguel Treviño sí hubo un ofrecimiento de dinero hacia Eugenio Hernández para gastos de su campaña, pero le dije que no era necesario. Miguel me preguntó qué era lo que se necesitaba y yo le contesté que nada, que era cosa de hombres, y el amarre entre ellos consistió en que Miguel Treviño no estropeara las posibilidades de Eugenio Hernández en buscar la candidatura a gobernador y que éste no hiciera cosas que no le competiera, es decir, que no se metiera con ellos [...]

"Las veces que nos reunimos fueron como unas cinco o seis veces, que dichas reuniones fueron a finales de 2003, las cuales se llevaron a cabo en la plaza Longoria, que se ubica en Paseo Colón y Reforma y como referencia está enfrenta de la catedral del espíritu santo. A veces Miguel Treviño se hacía acompañar de su hermano Omar y siempre iban custodiados por su séquito: alrededor de de veinte personas, quienes a veces usaban uniformes de Afis o de militar, siempre andaban fuertemente armados y utilizaban autos tipo Cherokee blindados. Con el paso del tiempo, las reuniones fueron disminuyendo. En el 2004 nos reunimos unas cuatro o cinco veces; en el 2005, tres veces, en el 2006 dos veces y en el 2007 creo que una sola vez. Desde esa fecha no he vuelto a saber nada de Miguel Treviño, lo último que supe es que se le veía en los bares ´Cananas´ y ´1800´ de Nuevo Laredo y están ubicados cerca del monumento a Don Benito Juárez y el Hospital San José y entre cada bar hay una distancia de cuatro cuadras. Cuando Miguel Treviño [asistía] a esos bares los cerraba, paga la cuenta de todos".

Ángeles aporta otros detalles sobre la fortuna del llamado *Z-40*: "Es bien sabido que Miguel Treviño es propietario de alrededor de unas cien o doscientas casas en Reynosa y Tampico, Tamaulipas, pero desconozco a nombre de quien estén. Que el colaborador más cercano de Miguel es su hermano Omar y tiene otro hermano de nombre Rodolfo, quien al parecer es ciudadano norteamericano".

Los Zetas y el cártel del Golfo, como queda claro en el testimonio de Ángeles, incursionaron fuertemente en el terreno político, pues imponían desde candidatos a gobernadores, alcaldes y diputados locales y federales. Por ello, llama la atención lo que el declarante afirma al respecto: "Que Ramón Garza Barrios obtuvo la aprobación de Miguel Treviño Morales para contender por la presidencia de Nuevo Laredo, Tamaulipas, en el trienio 2008-2010, ganando las elecciones y debido que el objetivo de este funcionario es ganar la gubernatura de Tamaulipas, pues mantiene una estrecha relación con Miguel Treviño y sabe que sostiene reuniones con él en Monterrey, Nuevo León, a dicho del propio Ramón. Las reuniones las sostienen en la carretera Saltillo-Monterrey y sé que también tienen comunicación a través de Fernando Vallejo, quien funge sin nombramiento como secretario de Seguridad Pública de Nuevo Laredo, Tamaulipas, ya que el gobernador no lo aprobó sin saber por qué circunstancias.

"Que sabe que el señor Óscar Santiago Luebert Gutiérrez, [quien fue presidente municipal de Reynosa, Tamaulipas] está ligado con la organización de Cárdenas Guillén o el cártel del Golfo, ya que fue aspirante a la gubernatura y su promotor era el licenciado Juan José Muñiz, conocido como *El Bimbo*, quien actualmente está preso en La Palma y quien durante la campaña municipal de Luebert Gutiérrez, fue el encargado de recabar recursos sobre todo del cártel del Golfo".

En medio de sus andanzas tanto políticas como mafiosas,

el testigo dice que conoció a Eugenio Hernández durante una gira que realizó el entonces gobernador Tomás Yarrington; también conoció a Fernando Cano Martínez, quien es señalado en investigaciones tanto de México como de Estados Unidos, como uno de los principales testaferros de Yarrington, de quien refiere que es dueño de la constructora Villa Aguayo, la cual opera en Ciudad Victoria, Tamaulipas.

Dijo el testigo: "En una ocasión Fernando Cano fue a verme a sugerencia de Tomás Yarrington, ya que son amigos desde hace muchos años, para ver los cambios en la sucesión del gobierno del estado. Me dijo que el gobernador le había comentado acerca de la toma del cambio de gobernador, que iban a empezar las inquietudes políticas, ya que estaba por finalizar el gobierno de Tomas Yarrington y que su corazoncito estaba con Eugenio Javier Hernández Flores, ya que Fernando Cano me dijo que él fue quien introdujo a Eugenio con el entonces gobernador Tomás Yarrington; que es de todos conocidos que la carrera política de Eugenio fue promocionada por Yarrington y Fernando Cano. Posterior a este evento tuve cinco encuentros durante el 2003 con Fernando Cano relativos a las elecciones de gobernador".

Cuenta que "a la fiesta del agente aduanal Luis Edmundo González Elizondo se dieron cita alrededor de cuatrocientas personas y asistieron Eugenio Hernández, quien ya era casi el candidato oficialmente, así como los otros aspirantes, Homero Díaz y Oscar Luebert Gutiérrez, quien era senador en ese entonces. En ese momento, Fernando Cano me dijo que el apoyo de los malos, refiriéndose al cártel del Golfo, estaba del lado de Óscar Luebert Gutiérrez. Ignoro cómo se enteró él, pero me dijo que Juan José Muñiz era el enlace y operador político entre el cártel del Golfo y Óscar Luebert Gutiérrez, apoyándolo de manera económica. Oscar era el que recibía el dinero en efectivo del cártel para el financiamiento de la campaña de Oscar Luebert y esto lo sé por Fernando Cano. Que esto lo recuerda porque me dijo que estábamos en desventaja, refiriéndose en el sentido económico de la campaña, ya que Lubert tenía el apoyo del cártel del Golfo, que era representado por Osiel Cárdenas y Gregorio *Goyo* Sauceda, tan era así, que él utilizaba dos aviones grandes que generaban un gasto de dos mil quinientos dólares por hora cada uno y nosotros rentábamos aviones de ochocientos dólares la hora.

"Recuerdo en por esas fechas, Fernando Cano me habló por teléfono y me pidió que fuera hablar con Miguel Treviño para pedirle su aprobación para la postulación de Eugenio Hernández como candidato a gobernador, por lo que dos días después me reuní con Miguel Treviño, en la plaza de los ricos, la cual está ubicada enfrente de la catedral de Nuevo Laredo, y ahí me dijo que no se oponía [...] Desde entonces Miguel Treviño ya tenía presencia manifiesta en Nuevo Laredo, como encargado de la plaza; en septiembre de ese año Eugenio Hernández ganó la candidatura del PRI al gobierno de Tamaulipas y en octubre de ese año resultó electo gobernador.

"Quiero manifestar que Pedro Argüelles fue subsecretario incrustado en la Secretaría General de Gobierno para que fungiera como enlace entre el cártel del Golfo y el gobierno del estado. Ricardo Gamundi, quien era presidente estatal del PRI y presidente de la Cámara de Diputados, está relacionado con Óscar Luebert, quien fue presente municipal de Reynosa. Otro personaje que llamó la atención fue José Herrera Bustamante, quien fue procurador de justicia del estado y estaba relacionado con el cártel del Golfo. Otro personaje de muy mala fama que estuvo cerca de Eugenio fue Paloma Cárdenas Guillén, quien incluso despachaba en la Procuraduría, porque ese había sido el compromiso de Eugenio con ella".

9
El músculo financiero

Los capitales intactos del crimen organizado

Los cárteles de la droga y sus redes patrimoniales y financieras, base de su expansión y de la capacidad de respuesta frente a los embates del gobierno federal, están intactas y mientras no se destruyan las cadenas de testaferros, cómplices y vínculos criminales entre políticos y capos "la guerra contra el narcotráfico se puede dar desde este momento por perdida", afirma Edgardo Buscaglia, profesor visitante y coordinador del Programa Internacional de Justicia y Desarrollo del Instituto Tecnológico Autónomo de México (ITAM), en entrevista, para realizar este libro

El también catedrático de la Universidad de Columbia y asesor del Instituto de Entrenamiento de la ONU para el Mantenimiento de la paz, expone: "El gobierno de Felipe Calderón no se preparó para enfrentar la guerra contra el narcotráfico". Y enfatiza que es inaudito que las instituciones responsables del combate criminal no cuenten con instrumentos para desmantelar las redes patrimoniales y financieras extendidas dentro y fuera de México.

Esa es la razón, según explica el investigador, de que más de la mitad de los casi 2 mil municipios en el país estén "completamente feudalizados" por el crimen organizado y de que sus figuras simbólicas —Joaquín *El Chapo* Guzmán, Ismael *El Mayo* Zambada, Ignacio Coronel, Eduardo Costilla, *El*

Coss, entre otros— ejerzan no sólo el poder criminal, sino que ya construyeron andamiajes muy sólidos para que sus cómplices se posicionen en las estructuras del poder político y empresarial del país.

Especialista en el estudio del crimen organizado a escala internacional, Buscaglia señala que la banca mexicana está infiltrada por el dinero de la delincuencia; no sólo eso: también es cómplice de los grupos delincuenciales "por omisión", pues no cumple con las recomendaciones del Grupo Financiero Internacional (GAFI) para prevenir el lavado de dinero, ni utiliza el instrumental técnico y legal del que dispone para impedir que el dinero sucio circule por las arterias del sistema financiero", pues en muchos casos los banqueros argumentan que estas medidas les elevan los costos de operación.

—La pasividad de la banca mexicana para actuar en materia de lavado de dinero y otros delitos financieros ¿se traduce entonces en una abierta complicidad? —Se le inquiere.

—El sector financiero debe transformarse en un partícipe activo que apoye al gobierno federal. Lamentablemente no vemos este apoyo operativo hasta hoy. Lo veo paralizado, pasivo, arrastra los pies. Debería de haber mucho más activismo en ese sentido.

Cuando por omisión o porque estás arrastrando los pies no estás implementando las mejores prácticas internacionales que la banca de la Unión Europea está aplicando de manera efectiva, pues no hay duda de que (quiérase o no) se está siendo cómplice de una situación catastrófica de delincuencia organizada y de corrupción política que le cuesta al país miles de muertos al año y deriva en una ingobernabilidad que ya parece irreversible.

Después de la pesadilla que significó el gobierno de Calderón, es evidente que la política criminal del gobierno de Enrique Peña Nieto carece de instrumentos eficaces. Según Buscaglia, uno de los más importantes es "quitarle el dinero a los narcos" para descapitalizarlos y vencerlos. "Eso no se ha hecho, por desgracia", afirma.

En consecuencia —reitera— los cárteles de la droga se desplazan impunes por todo el territorio nacional, desde Tijuana hasta Quintana Roo; incluso en Centroamérica, Sudamérica, Europa, Asia y África. Por todos lados corre el dinero sucio de las drogas, y muchas de esas fortunas están en manos de políticos, empresarios y de una red de testaferros que, dice Buscaglia, "son actores intocados en México".

Políticas erráticas

Cuando se le pregunta si el gobierno federal cuenta con instrumentos para investigar las redes patrimoniales y financieras de las organizaciones criminales, Buscaglia afirma sin titubear: "Sí los hay, pero no se utilizan en forma adecuada."

Y se explaya: "Ahí están los registros públicos de la propiedad mercantil que contienen una mina de oro, donde se puede comenzar a implementar lo que se llama una 'minería de datos' para poder vincular patrimonios con testaferros, patrimonios con personajes políticos o accionistas que están ligados a la delincuencia organizada."

Dice Buscaglia que lo grave de todo es que el gobierno ni siquiera ha comenzado a recabar esa información para analizarla, y así respaldar la Ley de Extinción de Dominio, aprobada por el Senado de la República el 2 de abril del presente año.

Además, insiste, esa ley, básica para despojar al narcotráfico de sus bienes y mermar su fuerza, carece de un instrumento clave: el insumo de la información sobre los personajes que administran, desde la política o desde el sector empresarial, el patrimonio de la delincuencia.

Para explicar cómo funciona una Ley de Extinción de Dominio en forma eficaz el especialista alude al caso colombiano. La década pasada, ese país, como ocurre ahora en México, fue devorado por el narcotráfico, incluso la campaña de un candidato a la presidencia, Ernesto Samper, fue financiada por el cártel de Cali, según denunció el periodista Alberto Giraldo en su libro *Mi verdad*, en 2005.

El reportero, ya fallecido, fue amigo y publirrelacionista de los hermanos Rodríguez Orejuela. Dice en su texto: "Desde 1979 los hermanos Rodríguez, con el apoyo financiero de [sus socios] José Santa Cruz Londoño y Hélmer Herrera, participaron financieramente en las elecciones presidenciales".

Buscaglia sostiene que, a diferencia de México —donde la Ley de Extinción de Dominio carece de respaldos informativos—, en Colombia los fiscales tenían el mapa patrimonial y criminal cuando decidieron enderezar una causa penal.

"Cuando el fiscal quiere impulsar una causa penal en contra de una persona, le solicita a las unidades de inteligencia o le solicita (a lo que en México sería la Secretaría de Hacienda) los insumos del mapa patrimonial para que se puedan seguir líneas de investigación que vayan más allá de la persona física que están deteniendo", explica el investigador.

—¿Se actúa de oficio? —le pregunto.

—Lo más interesante es que en Colombia la Ley de Extinción de Dominio no es un instrumento reactivo, sino proactivo: se actúa de oficio para poder desmantelar el mapa patrimonial, que tienes que delinear, previo al impulso de la causa penal.

"En México, por el contrario, no hay mapas patrimoniales o no se quiere investigar al respecto. Esa ley tiene sus ventajas, porque las investigaciones se pueden encauzar incluso por la vía no penal y se le baja la carga de la prueba al Estado. Pero insisto: en México esos mapas [financieros y patrimoniales del narcotráfico o de la delincuencia en general] todavía no están delineados."

Estudioso del fenómeno de la delincuencia en 150 países, Buscaglia sostiene: "Un insumo para apoyar la aplicación de la Ley de Extinción de Dominio es precisamente intervenir el Registro Público de la Propiedad, sacar escrituras, analizar la información que existe. Ese trabajo debe hacerse en cada una de las entidades para identificar el mapa patrimonial y criminal que obviamente se extiende mucho más allá del país."

Y añade: "Honduras y Guatemala tendrían que hacer lo mismo, para después cruzar información a nivel regional. El poder de la delincuencia organizada mexicana llega a esos países y más allá de sus territorios. Sin embargo, es muy importante comenzar por casa e identificar ese mapa patrimonial en la economía legal."

Dice Buscaglia que esta labor serviría para neutralizar la corrupción que existe tanto en el Distrito Federal como en los estados: "Lo ideal sería una colaboración operativa entre la Secretaría de Hacienda, la Unidad de Inteligencia Financiera, así como entre las unidades de investigación patrimonial del Distrito Federal [que existen desde hace dos años] y la PGR."

Así mismo, sostiene que es difícil saber a cuánto ascienden las ganancias anuales generadas por el tráfico de drogas, pero, con base en la información que posee sobre el *modus operandi* de los cárteles, él calcula que el 78% de los sectores económicos del país están infiltrados.

Por eso lamenta que la agencia antidrogas de Estados Unidos, la DEA, "caricaturice" a la delincuencia organizada y la considere una actividad ilegal dedicada exclusivamente al narcotráfico.

Según Buscaglia, las fuentes de ingreso de los grupos criminales también incluyen actividades delictivas como trata de personas, piratería: delitos de enorme capacidad para generar inmensos ingresos, al igual que el contrabando de drogas, pero que no se han cuantificado.

Una propuesta

Edgardo Buscaglia sostiene que la información publicada en marzo pasado por la revista *Forbes* sobre la fortuna de *El Cha-*

po Guzmán, jefe del cártel de Sinaloa, calculada en mil millones de dólares, es un golpe mediático que está lejos de la realidad.

"No tiene un fundamento técnico porque no se tomaron en cuenta otros tipos de delitos, enormemente importantes, que no están considerados como fuentes de ingreso", sostiene.

El dinero del narcotráfico florece en México y aunque no se puede todavía acreditar, es "muy visible" en la economía legal: en empresas y sindicatos, así como en giros que sirven para lavar dinero, como los bienes raíces y la compra de tierras, agrega el investigador.

Además de la violencia, que cada vez es más exacerbada, el gobierno de Felipe Calderón enfrenta otro problema: el lavado de dinero, quizá el delito más difícil de acreditar, pues son pocos casos en los que la PGR ha logrado sentencias en firme, dice Buscaglia.

No sólo eso: desde hace varios meses la Unidad Especializada en Investigación de Operaciones con Recursos de Procedencia Ilícita de la PGR está acéfala. Dicha área ha tenido un manejo irregular al menos desde el año pasado. Hasta el 15 de junio de 2008, José Luis Marmolejo fue responsable de investigar el lavado de dinero. Tras su salida, la dependencia se quedó sin titular durante tres meses y quince días. Luego fue nombrado César Augusto Peniche, quien posteriormente dejó el cargo al procurador Eduardo Medina Mora—quien desde 2013 se desempeña como embajador de México en Estados Unidos y nunca combatió el blanqueo de capitales—.

Eso explica, en buena medida, por qué las investigaciones más serias relacionadas con el blanqueo de activos del narcotráfico en México derivan de indagatorias realizadas en Estados Unidos.

Por ejemplo, el 12 de junio de 2013 la Oficina de Control de Bienes del departamento del Tesoro de Estados Unidos, congeló bienes y activos de quince empresas y nueve personas en México, Colombia y el Caribe presuntamente relacionadas con el capo colombiano Fabio Enrique Ochoa Vasco, quien inició su carrera delictiva en el cártel de Medellín.

La investigación puso al descubierto —según la OFAC— una red de empresas afincadas en Guadalajara, Jalisco, que eran manejadas por Luis Pacheco Mejía, presunto prestanombres de Ochoa Vasco. Las compañías operan en dos ramas de la economía mexicana: el campo y la industria de la construcción, siendo ésta última la más socorrida por los narcotraficantes en México para lavar dinero.

Las empresas cuyos activos fueron congelados por la OFAC son: Granoproductos Agrícolas S.A de C.V., Grupo GLP Constructora S.A. de C.V., Grupo Constructor Inmobiliario Pacar S.A de C.V y Cimientos La Torre, S.A de C.V.

Frente al flagelo del lavado de dinero, que según Buscaglia goza de impunidad en México, la PGR carece de instrumentos legales eficaces, a pesar de que en septiembre de 2008 un grupo de expertos presentó a esa dependencia el proyecto *Mejoramiento en el marco jurídico y su implementación contra la delincuencia organizada*. Muchas de las reformas en la materia aún no se discuten en el Congreso a pesar de la emergencia que enfrenta el país en la seguridad y en su economía formal, que se ve perforada por los llamados *narcocapitales.*

De acuerdo con ese estudio, México incumple con los instrumentos jurídicos que ha promulgado en el ámbito internacional. Expone: "México ha promulgado instrumentos jurídicos cumpliendo con el 87% de las cláusulas de la Convención de la ONU contra la Delincuencia Organizada (Palermo) y con el 46% de las cláusulas de la Convención contra la Corrupción (Mérida).

"Sin embargo, a través del análisis de expedientes judiciales se observa que, en la implementación práctica de estos instrumentos, México cumple sólo con el 64% de las cláusulas de la Convención de Palermo y con el 23% de las de la Convención de Mérida contra la Corrupción. A diferencia de México, Colombia ha alcanzado a implementar un 100% de las cláusulas de ambas convenciones de la ONU en sus instrumentos jurídicos e implementan activamente el 94% de ellos."

En el caso de México, la ineficacia para combatir a la delincuencia organizada y el lavado de dinero es crítica: en las instituciones responsables del combate criminal existe "desempeño heterogéneo e incertidumbre jurídica en la aplicación de las normas legales a la Convención de la ONU de Palermo.

Asimismo, hay desfases con respecto a los tratados internacionales, en particular los que se refieren a las convenciones contra la delincuencia organizada y el lavado de dinero; necesidad de atención, apoyo y potencial de desarrollo de capacitación y fortalecimiento organizacional; defectuosos sistemas de control de la decisión en fiscalías y juzgados; ausencia de servicio civil de carrera e impacto negativo en percepciones de idoneidad y corrupción.

Según el estudio, la atrofia institucional es más aún más crítica. En los organismos que "luchan" contra el crimen organizado hay "ausencia de programas de prevención de la delincuencia y asociaciones delictuosas".

Para enfrentar con efectividad al narcotráfico y a la delincuencia en general, los investigadores proponen a la PGR, entre otras, las siguientes medidas:

Reformas al artículo 400 bis del Código de Procedimientos Federales para tipificar "la conversión de activos patrimoniales en lavado de dinero".

Penalizar en un sentido amplio "la posesión y uso de activos patrimoniales".

Tipificar la manipulación de mercados por parte de accionistas o empresarios en posesión de información confidencial.

Tipificar la acción penal focalizada en la persona jurídica, promover la capacitación de personal especializado en las fiscalías para el más efectivo impulso de investigaciones patrimoniales.

Que la Unidad de Inteligencia Financiera, la Unidad de Investigación Patrimonial y una unidad específica dentro de la PGR coordinen y compartan sus bases de datos con la Secretaría de la Función Pública y el Servicio de Administración y Enajenación de Bienes (SAE) para cruzar información con mayor efectividad y abrir líneas adicionales de investigación patrimonial.

Otra propuesta, que al igual que las anteriores no se aplica —lo que demuestra la atrofia institucional frente al narcotráfico—, es la expansión y cruce de información a través de una mayor "minería de datos" patrimoniales ligados a indiciados y personas jurídicas vinculadas que involucra las bases de datos de los entes reguladores del sistema financiero como la Comisión Nacional Bancaria y de Valores, la Comisión Nacional de Seguros y Finanzas, la Comisión Nacional del Sistema de Ahorro para el Retiro y el Banco de México.

—Si existe todo este arsenal contra del crimen organizado, ¿por qué no se usa? —Se le pregunta a Buscaglia.

—Hace falta voluntad política y, en mayor medida, compromiso con el país. Si no se implementan estas y otras medidas, México puede ser devorado por el crimen, junto con todo su sistema político infiltrado. Y algo peor: el país seguirá exportando violencia e ingobernabilidad al resto del mundo.

Cuarta parte

LA ÚLTIMA LETRA

10
Lazcano y Treviño: muerte y caída bajo sospechas

Un cadáver más veloz que la policía

Tal como ocurrió en 1997 con la muerte de Amado Carrillo Fuentes, *El Señor de los cielos* —cuyo deceso sigue plagado de dudas dieciséis años después— la de Heriberto Lazcano Lazcano, jefe de Los Zetas, también quedó envuelta en el misterio. Lo nebuloso de este caso estriba en que La Marina asegura que lo acribilló en un enfrentamiento ocurrido el 7 de octubre de 2012 en Progreso, Coahuila, pero el cadáver fue robado por desconocidos y jamás se ha encontrado. El cuerpo tampoco fue llevado al panteón de Pachuca, Hidalgo, donde sus familiares le habían construido un mausoleo, que hasta la fecha permanece vacío.

Aún cuando la muerte de Lazcano resulte cierta, el gobierno de Felipe Calderón dejó muchos hilos sueltos y puso en evidencia que la Marina carecía de los instrumentos de inteligencia de los que tanto se pregonó, pues al momento del enfrentamiento en el que murió Lazcano los infantes de Marina ni siquiera sabían de quién trataba. Esta versión oficial bien puede ser cierta o también cabe que sea parte del entramado que armó el gobierno para hacer creer a la gente que Lazcano murió, cuando en realidad también podría estar vivo y a resguardo.

Con una larga carrera dentro de la delincuencia organizada, asesino despiadado, sanguinario y con fama de traidor, la historia de Heriberto Lazcano siempre ha estado salpicada de dudas y datos encontrados. En los registros y archivos oficiales tanto de México como de Estados Unidos, ninguna fecha coincide. Tampoco concuerdan respecto de su estatura. Tiene, por ejemplo, tres fechas de nacimiento: algunos registros indican que nació en diciembre de 1974; otros archivos de la PGR y del Centro de Investigación y Seguridad Nacional (CISEN) tienen anotado que vio la luz el 1 de enero de 1970 y otros expedientes indican el año de 1975 como el de su verdadero nacimiento.

Heriberto Lazcano Lazcano es hijo Gregorio Lazcano García y de Amelia Lazcano Pérez, matrimonio avencindado en la colonia El Tezontle, de Pachuca, Hidalgo, donde el poderoso líder del cártel de Los Zetas vivió su infancia y buena parte de su adolescencia, la cual recuerdan muchos pobladores que lo conocieron de niño, quienes lo describen como un chico delgado, reservado, callado y muy obediente.

La información que la Secretaría de la Defensa Nacional dispone, establece que Heriberto Lazcano ingresó al Ejército Mexicano el 5 de junio de 1991. Tan pronto entregó sus documentos, le asignaron la matrícula B9223601 y dos años después, gracias a su desempeño, fue ascendido al rango de cabo de Infantería, donde desarrolló amplias capacidades, sobre todo, las del manejo de armamento sofisticado. Más tarde, se incorporó al llamado Grupo Aeromóvil de Fuerzas Especiales (GAFE), un cuerpo de élite que fue creado especialmente para combatir a la insurgencia armada y al crimen organizado, en particular al narcotráfico, su expresión más violenta.

Hacia finales de los años noventa —cuando el narcotráfico alcanzaba niveles elevados de preocupación en el país por la violencia que se desataba por todas partes— el Gobierno Federal comisionó a decenas de *Gafes* como agentes de la extinta Policía Judicial Federal. Lazcano fue uno de ellos. Fue enviado a Tamaulipas, donde Osiel Cárdenas Guillén, ex madrina de la policía, comenzaba a tomar el control del cártel del Golfo tras el destierro de Juan García Ábrego, el poderoso capo que vivió su etapa de esplendor durante el sexenio de Carlos Salinas de Gortari.

Precisamente cuando se desempeñaba como agente federal, Heriberto Lazcano Lazcano abandonó las filas militares. En ese momento, el jefe de la seguridad de Osiel Cárdenas era Arturo Guzmán Decena, El *Z-1*, un militar que hacia finales de los años noventa ya fraguaba el plan de organizar a un grupo lo suficientemente poderoso para brindar seguridad personal a Cárdenas Guillén. Lazcano se incrustó en el cártel del Golfo, no se sabe si atraído por la ambición de poder y dinero o como elemento infiltrado, como parte de un plan orquestado por el propio Ejército, para controlar una parte del negocio del narcotráfico.

Lo cierto es que durante el sexenio de Ernesto Zedillo, tanto la policía como el Ejército fueron expuestos al máximo a la corrupción del narcotráfico y como consecuencia de ello nacieron Los Zetas, el primer grupo paramilitar al servicio del narcotráfico que jamás haya existido en México y que se aprestaba por aquellos años a controlar vastos territorios y el boyante mercado de las drogas. Este proyecto, atrajo sin duda a Lazcano, quien causó baja del Ejército el 15 de abril de 1998, según consta en fichas y registros militares.

Lo que llama la atención de Lazcano es que durante catorce años —de 1998 a 2012— vivió en la más absoluta impunidad, e incluso se sabe que fue ampliamente protegido por el propio Ejército Mexicano, pues en varias ocasiones fue aprehendido con cuantiosos cargamentos de droga y de dinero y no obstante, fue liberado. Su zona de influencia era Tamaulipas, Nuevo León, Coahuila, Veracruz e Hidalgo.

Envuelto en las sombras, Heriberto Lazcano huyó de los reflectores y en varias ocasiones quiso esconderse tras la oscura cortina de la muerte. En el año 2007, por ejemplo, cuando efectivos militares se enfrentaron a Los Zetas en Reynosa y Tampico, Tamaulipas, corrió el rumor de que Lazcano había muerto. La encargada de difundir la noticia fue la abogada Raquenel Villanueva, quien fue litigante defensora de varios miembros del cártel del Golfo, y quien murió acribillada el 9 de agosto de 2009, en Monterrey, Nuevo León.

En una ocasión, la llamada "abogada blindada", por los cuatro intentos de asesinato que ya había sobrevivido, expresó: "Tengo información que proviene del más alto nivel, que indica que Heriberto Lazcano ha muerto", pero el hecho nunca fue corroborado por ninguna autoridad.

Después se dijo que el jefe de Los Zetas había sido herido de muerte y que era tanto su dolor que había decidido suicidarse; sin embargo, el silencio gubernamental pronto desactivó la versión. Lo cierto es que Lazcano seguía vivo y al frente de Los Zetas, su ejército, el cual nutría con elementos que desertaban de las filas castrenses.

Oriundo del municipio de Apan, Hidalgo, Heriberto Lazcano también vivió en Pachuca, donde, con el paso de los años, se convirtió en un benefactor social, pues lo mismo pavimentaba calles que construía iglesias. La más importante de las parroquias, hasta no hace mucho tiempo, aún conservaba una placa de reconocimiento para la familia Lazcano por las aportaciones para la construcción de la parroquia.

A partir del año 2007 y 2008, Los Zetas se habían separado del cártel del Golfo y se convirtieron en un una organización poderosa. Pronto surgieron las rencillas: Miguel Ángel Treviño Morales y Lazcano Lazcano se disputaban el poder y el control del cártel, el cual se dividió como consecuencia del encono: una parte la operaba Lazcano y otra Treviño. Este último cobró mucha fuerza debido al apoyo de su hermano José, quien desde Estados Unidos lavaba grandes sumas de dinero mediante la compra de ranchos y caballos de carreras, negocio que fue descubierto por el FBI, hasta que logró detener a toda la banda, en junio de 2012.

Después de su separación del cártel del Golfo, la organización que los vio nacer como grupo armado se convirtió en rival de Los Zetas. Ambos grupos se disputaban el control de Tamaulipas y el corredor Nuevo León-Coahuila. Mientras Sinaloa avanzaba en su consolidación en todo el país, las crisis se agudizaron en el cártel del Golfo y en el seno de Los Zetas: fue abatido el hermano de Osiel Cárdenas, Ezequiel Cárdenas; también cayó Mario Cárdenas, el hermano mayor de Osiel y mentor suyo en el negocio del narcotráfico.

La Marina y la SEDENA le siguieron abriendo el camino a Sinaloa y dieron un golpe certero con la captura de Eduardo Costilla Sánchez, *El Coss*, quien llegó a ser el hombre de mayor confianza de Osiel Cárdenas. La desarticulación del cártel del Golfo —al menos temporalmente —le permitió a Los Zetas crecer hasta convertirse en el segundo cártel, después de Sinaloa, que es considerada la organización delictiva más poderosa del mundo.

Pero el torbellino destructor alcanzó a Heriberto Lazcano Lazcano el 7 de octubre de 2012. Ese día, el jefe de Los Zetas supuestamente se dirigía a un campo deportivo en Progreso, Coahuila, para participar en un encuentro de beisbol cuando efectivos de la Marina arribaron al lugar.

Tras un enfrentamiento, que duró varias horas, presuntamente murió el jefe de Los Zetas. Los marinos, quienes habían sido considerados más efectivos que los militares durante el sexenio de Felipe Calderón por sus labores de inteligencia, ésta vez se toparon con algo fortuito: no sabían que habían dado muerte al más temible de los capos: Heriberto Lazcano.

Confundidos y por momentos desorientados, los altos mandos de La Marina se vieron lentos cuando, horas después, el gobierno federal confirmaba la supuesta muerte de Lazcano. Su cuerpo ya había sido recogido por personal de la funeraria García y se procedía a velarlo.

La noticia de su muerte pronto trascendió las fronteras. En Estados Unidos tomaron el caso con cautela, pues los altos mandos de la DEA mostraron sus dudas respecto a este hecho que, sin duda, era trascedente pero carecía de veracidad a pesar de que el gobierno de Felipe Calderón se esforzaba, con escasos argumentos y un manojo de sospechas, por hacer creíble que Lazcano estaba muerto.

Se dijo que ya se le habían practicado las pruebas de ADN; que se habían revisado sus huellas dactilares y que no había ninguna duda de que el cuerpo que había quedado tirado en un paraje tras el enfrenamiento, en medio del pasto crecido, era Heriberto Lazcano. El gobierno federal, carente de credibilidad, exhibió fotografías del difunto. Su rostro y sus facciones no coincidían por más que se intentara encuadrarlas con el verdadero rostro del jefe de Los Zetas.

Quizá la versión oficial hubiera cobrado fuerza al paso de los días y se habría dado como un hecho la muerte de Lazcano si su cuerpo, como se esperaba, se hubiera velado y sepultado formalmente. Pero las dudas crecieron y se instalaron como verdad tras el robo del cadáver, el cual fue sustraído, a pasar de la fuerte presencia de los efectivos militares y marinos que vigilaban los pormenores del velorio.

Pronto trascendieron versiones de todo tipo que desmentían la muerte del jefe de Los Zetas. En Coahuila se dijo que las fotografías que el gobierno difundió exhibiendo a Heriberto Lazcano en el anfiteatro no correspondían al fundador de Los Zetas sino al de un escolta suyo conocido con el mote de *El Coyote*.

Las dudas se robustecieron aún más porque no existían coincidencias entre las armas que supuestamente utilizó la Marina (2.23 mm) y los orificios que presentaba el supuesto cuerpo de Lazcano, pues algunos expertos dicen que el cuerpo no se hubiera mantenido intacto en sus partes medulares —rostro, cabeza, cuello, entre otras— debido al poder destructor de las armas, lo que pone en duda que ese sujeto que dijeron era Lazcano haya muerto en el sitio donde apareció tirado el cadáver.

Luego, para confirmar sus dichos, el gobierno de Felipe Calderón anunció que, con base en estudios de ADN, se harían exámenes a familiares de Lazcano, pero el cuerpo fue robado y hasta la fecha el nuevo gobierno mantiene en el silencio este caso, pues no se sabe si en realidad se pudieron hacer los estudios con base en las muestras de sangre de algunos familiares de Lazcano que viven en Pachuca, Hidalgo.

Tras el hurto del cadáver, en el panteón de Pachuca, Hidalgo, se quedaron esperando el cuerpo, pues nunca llegó ni se le pudo dar la debida sepultura. Este hecho —el robo del cadáver— parece ser una práctica muy socorrida entre los miembros de Los Zetas, ya que eso mismo ocurrió con el cuerpo de Efraín Teodoro Torres, *El Z-14*, quien fue abatido en un enfrentamiento ocurrido en Villarín, Veracruz, en el año 2007, cuando se realizó una carrera de caballos que terminó en un tiroteo.

El cuerpo del llamado *Z-14* fue llevado a una funeraria, luego al cementerio de Poza Rica, Veracruz, donde fue sepultado, pero la noche del entierro varios hombres armados arribaron al panteón, sometieron al vigilante y con picos rompieron la tumba, extrajeron el féretro y se llevaron el cuerpo a un lugar desconocido.

En Estados Unidos, el caso de la muerte de Lazcano fue visto con reservas, pues la DEA no sólo negó que haya participado en su localización, sino que puso incluso en duda que el cuerpo que exhibió el gobierno de Felipe Calderón haya sido en realidad el de Heriberto Lazcano.

Las dudas afloraron en Washington a pesar de las afirmaciones de la Secretaría de Marina, sobre todo por algunas características del supuesto cadáver del capo no coinciden con los registros de que dispone la DEA. Un agente estadounidense que pidió el anonimato, simplemente dijo: "Lo increíble y extraño a la vez es que se hayan robado el cuerpo. Este hecho vergonzoso provoca dudas sobre su identidad, aunque efectivamente haya sido real la muerte de Heriberto Lazcano.

Los datos de sus características físicas no coinciden y cada institución tiene su propia ficha. Así como ocurre con la fecha de nacimiento, el gobierno mexicano tiene registros de que Heriberto Lazcano medía 1.60 metros de estatura, pero la DEA fichó al jefe de Los Zetas con una estatura e 1.76 metros y el cadáver robado medía 1.80 metros, según informó la Secretaría de Marina.

Para los altos mandos de la DEA, resultó extraño que la muerte de Heriberto Lazcano no haya generado una oleada de violencia tal como ocurre cuando un líder del narcotráfico muere o es detenido. Resultó sospechoso que la plaza de Nuevo Laredo —uno de sus feudos importantes— no se haya incendiado por la violencia y las disputas por el liderazgo de la organización criminal.

También llamó la atención otro dato: que el gobierno norteamericano haya felicitado sobriamente al gobierno de Felipe Calderón, pero que la DEA y el Departamento de Estado norteamericano hayan guardado silencio sobre este tema de notoria relevancia, pues Lazcano Lazcano y el cártel de Los Zetas estaba (o está) considerado como una verdadera amenaza para la seguridad interior de los Estados Unidos.

El mensaje de la DEA sobre la muerte de Lazcano, no pudo ser más lacónico. El vocero de la DEA, Rusty Payne, difundió un boletín en estos términos: "El presidente mexicano Felipe Calderón y su secretario de Gobernación, Alejandro Poiré, han confirmado la muerte del líder del cártel de Los Zetas, Heriberto Lazcano Lazcano".

La reacción más fuerte ocurrió unos dos días después de que supuestamente murió Lazcano. El 9 de octubre se dio a conocer que había sido encontrado el cuerpo de José Eduardo Moreira, hijo del ex gobernador y ex líder nacional del PRI, Humberto Moreira. A un lado del cuerpo, según se informó, se encontró un *narcomensaje* cuyo contenido fue ocultado por las autoridades estatales y federales. De inmediato, todo el aparato de seguridad del estado de Coahuila se volcó para hallar al asesino del hijo del ex gobernador. En medio del escándalo y de las versiones encontradas había un dato ineludible: la muerte del hijo de Moreira era una venganza de Los Zetas.

Y es que durante el sexenio de Moreira, Coahuila se convirtió en refugio de los altos jefes de Los Zetas. La franja fronteriza de Coahuila desde hacía varios años enfrentaba un escenario de terror como consecuencia de las disputas entre el cártel del Golfo y el de Iván Velázquez, *El Z-50*, también conocido como *Talibán*.

El territorio quedó envuelto por la violencia del narcotráfico. Los municipios de Allende, Morelos, Zaragoza y Nava, por ejemplo, se vieron sacudidos por las balaceras que apenas y fueron difundidas en las redes sociales ante el silencio de la prensa coahuilense, la cual vive amenazada por el narcotráfico.

De acuerdo con informes de la PGR, la frontera de Coahuila es controlada por Los Zetas desde el año 2000, cuando fue exterminada la célula de los llamados *Texas*, un grupo que alcanzó poder a finales de los años noventa, poco después de que Osiel Cárdenas tomó el control del cártel del Golfo.

La violencia se agudizó aún más tras la ruptura entre Heriberto Lazcano y Miguel Ángel Treviño, quienes comenzaron a disputarse el control de Coahuila, un estado clave para el trasiego de drogas, ya que ahí se ubica la línea fronteriza por donde cruzan cuantiosos cargamentos de drogas con la protección de las policías estatales e incluso del propio Ejército.

Los Zetas de Miguel Ángel Treviño Morales pronto se posicionaron en municipios como Hidalgo, Guerrero, Piedras Negras y Ciudad Acuña. La zona carbonífera de Sabinas fue uno de los refugios de los jefes de Los Zetas, ya que al menos Heriberto Lazcano trabajó durante algún tiempo en alguna de las empresas que explotan carbón. De esa forma, pudo evadir por algún tiempo la acción de la justicia.

Sin embargo, aún cuando Lazcano esté muerto, el gobierno de Felipe Calderón cargará con el estigma de la duda, ya que la desaparición del cuerpo echó por tierra todos los esfuerzos de identificarlo plenamente, ya que la sospecha se instaló en el imaginario colectivo como una gran verdad.

El trato terso de la Marina a Treviño

El 6 de julio de 2013, el diario *The Dallas Morning News* difundía la noticia en exclusiva: fue detenido el narcotraficante mexicano Miguel Ángel Treviño Morales, *El Z-40*, nuevo líder de Los Zetas.

Los portales noticiosos de todo el país difundieron la nota como pan caliente. El rumor se acrecentaba y al mismo tiempo surgían las dudas ante el silencio gubernamental.

Hacia el mediodía, el Gobierno Federal aún mantenía el silencio. Fue entonces que llamé por teléfono a un alto mando de la Policía Federal para confirmar la captura.

—¿Es cierto que detuvieron a *El Z-40*? —Le pregunté, sin que mediara saludo alguno.

—Aún lo estamos confirmando. —Respondió sin rodeos.

La aprehensión supuestamente había ocurrido a las 3:45 de la madrugada en los límites de Anáhuac, Nuevo León y Nuevo Laredo, Tamaulipas, después de un largo y paciente trabajo de inteligencia efectuado por la Secretaría de Marina, la misma dependencia cuyos efectivos ignoraban nueve meses atrás que habían dado muerte a Heriberto Lazcano Lazcano, el entonces jefe de Los Zetas, en Progreso, Coahuila.

Treviño Morales, quien es miembro de una numerosa familia, había llegado a la dirigencia de la organización criminal en octubre de 2012, después de que supuestamente había sido abatido Heriberto Lazcano. Dominaba buena parte del norte de México, territorios que había conquistado a sangre y fuego.

A diferencia de Arturo Guzmán Decena y Heriberto Lazcano, Treviño no tuvo una formación militar. Provenía de otra escuela del crimen: la policía, desde donde comenzó a operar el robo de autos y decenas de secuestros, delitos con los que se estrenó en el mundo criminal. También aprendió a matar sin piedad.

Con siete órdenes de aprehensión y doce averiguaciones previas a cuestas, a Treviño se le relacionó con diversas muertes y hechos horrorosos como decapitaciones, matanzas masivas como la de San Fernando, entierro de rivales en fosas clandestinas y se le atribuye también el asentamiento de Los Zetas en Guatemala, donde han logrado imponer sus reales.

El Ataque al casino Royale, en Monterrey, es otro hecho inolvidable que se le atribuyó a Treviño Morales, y también es señalado como el principal sospechoso de haber dado muerte al hijo de Humberto Moreira, en cuyo periodo como gobernador el narco hizo suyo el estado de Coahuila. El propio ex dirigente nacional del PRI lo acusó de estar detrás del crimen de su hijo.

Aunque el informe del subsecretario de Normatividad de Medios de la Secretaría de Gobernación, Eduardo Sánchez Hernández, detalló la captura de Miguel Ángel Treviño Morales, y a pesar de las múltiples informaciones que fueron saliendo en los días subsiguientes, la descripción de la hazaña de la Secretaría de Marina está plagada de contradicciones e incongruencias, además de que parece no corresponder con la captura de un capo de altos vuelos.

Según la versión oficial, la madrugada que lo detuvieron Treviño Morales transitaba por un camino rural a 27 kilómetros de la ciudad de Nuevo Laredo, en una camioneta gris plata Ford *Super Duty*, modelo 2013. Iba acompañado de dos hombres de su seguridad: Abdón Federico Rodríguez García, de 29 años, señalado por Gobernación como "el cerebro financiero" de Los Zetas, y por el escolta Ernesto Reyes García, de 38 años.

El sólo hecho de viajar acompañado de sólo dos personas resulta inverosímil, pues en diversos municipios de Nuevo León, quienes conocieron a *El Z-40* afirman que su líder solía moverse por la región con un grupo de entre veinte y treinta hombres fuertemente armados que disponían de diversos vehículos. Jamás se le vio sólo.

A cualquier lugar a donde llegaba, quienes arribaban primero eran los sicarios a su servicio. Cinco o diez camionetas siempre iban por delante, en medio otra flotilla de vehículos y entre éstas iba *El Z-40*, a quien describen como un sujeto delgado, bajito de estatura y de piel morena.

Los hombres de Treviño siempre estaban dispuestos a disparar, pues disponían de armamento de alto poder capaz de derribar hasta un helicóptero, ya sea de la Marina o del Ejército.

La forma en que operó La Marina en el caso de Treviño Morales dista mucho del escenario que se desarrolló en Cuernavaca, Morelos, cuando fue ubicado Arturo Beltrán Leyva, *El Barbas*, a quien acribillaron y luego exhibieron el cuerpo semidesnudo y perforado por las balas expansivas, tapizado de billetes. Rígido el mentón, Beltrán quedó tirado cuan largo era, en el interior de su departamento, donde vivía protegido por las autoridades del estado de Morelos y por los militares.

Ante las inconsistencias del caso, la detención de Miguel Ángel Treviño Morales más bien parece una entrega pactada. Tras su captura no hubo disparos, no hubo resistencia. Tampoco intentos de soborno a pesar de que, según la Secretaría de Gobernación, llevaba consigo varios rifles de alto poder y dos millones de dólares en efectivo.

Aún con las sospechas que imperan, la caída de Treviño Morales no significa que Los Zetas vayan a desaparecer. Tampoco que se debiliten. El cártel más violento de México ha logrado en pocos años —al menos 15— colocarse en el mapa criminal como la segunda organización más poderosa de México. Tiene amplios dominios en buena parte de América Latina, como Honduras, El Salvador, Costa Rica, Guatemala, Belice, Panamá y sus tentáculos llegan hasta el Cono Sur, al igual que Estados Unidos y Europa, a donde exportan drogas, en asociación con las mafias italianas.

El relevo natural en la jefatura de Los Zetas es Oscar Omar Treviño Morales, el décimo de trece hermanos que conforman esta familia afincada en Nuevo Laredo, Tamaulipas. Omar es miembro de Los Zetas y, según las autoridades federales, está asentado en el estado de Zacatecas, donde opera desde hace varios años.

Su perfil señala que es un hombre tan violento como Miguel Ángel, despiadado con sus enemigos y muy hábil para huir en casos de emergencia, así como para corromper a autoridades de cualquier nivel.

Los hermanos Treviño alcanzaron poder en los últimos años. José, por ejemplo, se había afincado en Estados Unidos años atrás y comenzó a lavar el dinero que sus hermanos obtenían mediante el tráfico de drogas. La estrategia era aparentemente sencilla: invertían en la compra de caballos y ranchos.

En Nuevo León, Miguel Ángel Treviño tiene varios ranchos de amplias extensiones con cientos de cabezas de venado cola blanca. Cada ejemplar, cuentan, llega a costar hasta 200 mil dólares. La mayor parte de los predios, según informes oficiales, los obtuvo mediante el despojo y/o asesinando a sus propietarios.

Omar Treviño ahora enfrenta el reto de ejercer su liderazgo ante Los Zetas, un cártel dividido que en poco tiempo recibió dos golpes severos. Nadie sabe si este personaje logrará imponer su hegemonía, pues por otro lado, ha comenzado la invasión a territorios controlados por Los Zetas, de otro grupo tan sanguinario como ellos: Los caballeros templarios.

Ante la oquedad que dejan Los Zetas en varios lugares, Los Caballeros Templarios empiezan a acomodarse en Campeche, Tabasco y quizá hagan lo mismo en Veracruz, Hidalgo, Guerrero, Estado de México e incluso en el norte del país. Los Caballeros Templarios provienen de La Familia Michoacana, y éstos son una escisión de Los Zetas que surgieron en el año 2005 en Michoacán, donde también se hacían llamar "La empresa", como ya se expuso en un capítulo anterior.

Para Los Caballeros Templarios es claro que Los Zetas dejaron muchos territorios abandonados tras la muerte de Heriberto Lazcano y la captura de su brazo derecho, Iván Velázquez Caballero, *El Talibán*, lo que provocó cierta desorganización al interior del cártel que más ha evolucionado en los últimos seis años.

Con base en información oficial, tras la caída de Heriberto Lazcano y la detención de Treviño Morales, el mapa del narcotráfico mexicano no se ha movido. Permanece intacto y en el orden siguiente: El liderazgo en el tráfico de drogas lo mantiene el cártel de Sinaloa. Le siguen Los Zetas, segundo cártel más poderoso. Y enseguida están el cártel de Juárez, La

Familia Michoacana, Los Caballeros Templarios, el cártel del Golfo, los Arellano Félix, los Beltrán Leyva, los Díaz Parada, el cártel del Pacífico Sur, La Resistencia, el cártel de Guadalajara Nueva Generación, Los Matazetas y La mano con ojos.

De estos catorce cárteles, Sinaloa y Zetas han logrado cruzar las fronteras. La organización que encabeza Joaquín Guzmán Loera está presente en cincuenta países del mundo, en tanto que Los Zetas dominan el Valle de Texas y buena parte América Latina y Europa.

De acuerdo con los movimientos ocurridos en los últimos meses del 2012, es claro que la política del nuevo gobierno avanza con los mismos lineamientos del panismo, aunque con menor incursión militar: se mantiene la política de consolidar a un solo grupo criminal en todo el territorio, en este caso el cártel de Sinaloa, y se combate a los cárteles que ocupen los territorios ya conquistados por Joaquín Guzmán Loera, *El Chapo*.

El objetivo es que la violencia criminal descienda a partir de la consolidación de un solo cártel en la mayor parte de los territorios en disputa, lo que no parece que se vaya a realizar en poco tiempo, pues los constantes reacomodos generan una violencia natural debido a la disputa por los liderazgos, como ocurrió tras la caída de Heriberto Lazcano y Miguel Ángel Treviño Morales.

Nadie sabe si lo peor ya pasó o todavía está por venir. Lo cierto es que el nuevo gobierno no se detiene en su proyecto de consolidar en México un Estado mafioso, donde todo esté negociado al viejo estilo, pues el Estado mexicano muestra incapacidad para darle a la delincuencia organizada un trato con políticas de seguridad donde incluso muchos grupos dedicados al lavado de dinero puedan regularse.

En tanto esto no ocurra, seguirá vigente el llamado Estado fallido, donde cada grupo criminal seguirá alimentándose de esos restos inoperantes para la sociedad pero eficaces para la delincuencia organizada. Es por ello, según Edgardo Buscaglia, que México se precipita hacia el Estado mafioso, al estilo de Vladimir Putin, en Rusia.

11
En los dominios de *El Z-40*

El rostro del fotógrafo palideció cuando el guía que nos llevaría hasta Parás, Nuevo León, uno de los feudos de Miguel Ángel Treviño Morales, *El Z-40*, preguntó:

—¿Están seguros de que quieren ir al rancho de Treviño? Les pido que lo piensen, anoche (martes 13 de agosto de 2013) hubo una refriega entre malosos en la zona y la carretera es muy peligrosa. Aquí no hay de otra: o nos disparan Los Zetas o nos paran para preguntarnos quienes somos. Si nos paran, ya chingamos; pero si nos disparan, pues nos chingamos. Hasta ahí llegaremos.

—¿Y tú no tienes miedo de morir?— Le pregunté, mirándolo a los ojos.

—Mire, yo ya estoy más *pa'allá* que *pa'acá*. Tengo cáncer y a mí, la verdad, ya me vale madre todo. Ustedes dos son los que tienen que pensarlo, insistió.

Observé al fotógrafo. Sus ojos se hicieron aún más grandes de la impresión o del susto. Me puse a pensar en lo difícil del escenario que nos planteaba el guía. Y, pensando en voz alta, dije: "A mí me pagan como reportero, no como héroe", pero ya estamos aquí, en esta misión informativa y ni modo de rajarse", aunque en realidad el miedo me estaba taladrando.

Heriberto podría ser tomado como un peligro si lo veían en la zona. Alto, un metro noventa de estatura, barba abultada, cerrada y piel morena, no podía andar por ahí porque, según el guía, "era el blanco perfecto".

Le dijo el guía:

—Compadre, así como vienes, van a pensar que eres un talibán y nos revientan. Lo que nos puede salvar es que no llevamos armas.

Le sugerí al fotógrafo rasurarse la barba. No fue muy de su agrado. Acariciándose el abultado pelo negro dijo que lo que sí podía hacer, era recortarla un poco, pero el problema es que no llevaba tijeras ni herramientas de afeitar. "Ponte un sombrero y a ver si así la disfrazas un poco", le dijo el guía.

—¿Tú qué piensas, Beto? —Le pregunté mientras preparaba su equipo fotográfico.

Aunque es un trotamundos, supuse que se negaría a ir. Pero su respuesta fue contundente:

—Ya estamos aquí y hay que jugársela.

Todos guardamos silencio. Bajé mentalmente a toda la corte celestial y le dije al guía: "Arránquese, nos vamos ahorita". Sentí un nudo en la garganta y retortijones en el estómago. Eran las 13:00 horas del miércoles 14 de agosto. En Monterrey, Nuevo León, la temperatura alcanzaba los 40 grados.

Dos camionetas arribaron al hotel donde nos hospedábamos. El guía nos dividió: "el fotógrafo irá en un vehículo de avanzada y tú, Ricardo, tú te vienes conmigo". "Nos separaremos un kilómetro cada vehículo. Sin ven algo raro, mensajéame", le dijo a su hijo, conductor del vehículo que iría por delante.

El trayecto se hizo largo en aquella ruta de concreto hidráulico caliente. Conforme dejábamos la ciudad de Monterrey, el calor aumentaba. El termómetro no mentía: 47 grados. El aire caliente golpeaba el rostro y recorría el cuerpo. Un golpe térmico brutal.

Dos horas después, apareció ante nosotros una carretera angosta, recta e interminable. "Ya estamos en los dominios de Los Zetas" —dijo el guía— si te fijas, no hay ni una brecha para huir". Hacia los lados la carretera se cubre de matorrales, arbustos secos y tristes. El calor los derretía. Había, cada cierta distancia, rejas de madera y alambradas por donde se divisaban caminos de terracería marcados con rodadas de camionetas de llantas anchas. Según el guía, por esas rutas se llega hasta la frontera, se avanza unos 30 ó 40 kilómetros y se topa con el río Bravo y la presa Falcón, por donde los cárteles del Golfo y Los Zetas cruzan sus cargamentos de droga.

Las contadas casas en su mayoría están cerradas. La gente no sale a la calle y si lo hace es por una necesidad muy grande, pues Parás de día y noche parece un pueblo fantasma. "Aquí nada más quedan niños y ancianos", dijo el guía. Los Zetas han acabado con todo: han asesinado gente, explotaron a las empresas que había, con cuotas millonarias y la mayoría cerraron. Los dueños se fueron de aquí.

El guía recuerda con orgullo: "Mira, en esa construcción —señala una estructura vieja y abandonada que está a la orilla de la carretera— había una empacadora de chile muy grande, pero el propietario ya no aguantó las extorsiones de Los Zetas y se fue. Nada más quedó el esqueleto de la construcción.

En los alrededores de la carretera hay ranchos inmensos: algunos tienen cercas de concreto, otras están sostenidas con alambres. Algunos predios son propiedad de pequeños capos que trafican con droga, al amparo de la impunidad; otros, de personas que combinan la producción de ganado con el narcotráfico y algunos más están abandonados porque los dueños fueron asesinados.

En dos horas y media de trayecto, ni una patrulla estatal ni federal apareció. Aquella zona no sólo está vacía de personas. También tiene un vacío de ley: todos los presidentes municipales de los alrededores son impuestos por Los Zetas y en ningún pueblo de esa comarca hay policías municipales. La única ley que impera es la de ellos.

Al llegar a Parás el sol cae a plomo. Son más de las tres de la tarde y el calor es seco, sofocante. Alrededor de unas tres o cuatro cuadras no se observa ninguna persona deambulando. Ni perros hay en la calle. Una tienda de abarrotes, ubicada en la calle principal, está cerrada. Su fachada es ruinosa. Los depósitos de cerveza parecen llevar meses con las cortinas bajadas y las casas dan la impresión de ser bultos en medio de la oscuridad: puertas cerradas, cortinas corridas y un silencio pesado las envuelve. Ni una silueta humana se asoma por las ventanas. En otras casitas apenas y se filtra la luz mortecina de una habitación.

Las avenidas, largas y pavimentadas, parecen surcos vacíos. Hacia las seis de la tarde, a lo lejos, se observan tres chicas que dan vueltas en una cancha de básquetbol. Sólo las acompaña su sombra. Es lo único que se ve. Y en el Club de Leones, antiguo centro de reuniones, hoy es un campo de fútbol que utilizan algunos soldados para jugar y matar el tiempo, mientras las camionetas con droga van camino a la frontera.

A la entrada de Parás está ubicado un rancho imponente. Cuenta con más de dos mil hectáreas y está cercado con barda de cemento, signo de la prosperidad que tuvo en algún tiempo. De acuerdo con la historia que cuenta un lugareño, el predio era de un "gringo mafioso" que tenía relación con Miguel Ángel Treviño Morales, *El Z-40*. Un día le dijo: "te vendo mi rancho". Treviño sacó su pistola y le disparó en la cabeza. Luego le ordenó a sus gatilleros: "El rancho ya es mío, pueden ocuparlo".

Hacia el año 2007, el jefe de Los Zetas compró otro rancho fastuoso que está a 15 minutos del centro de Parás. Se llama "Las Palmas". Son 3 mil 500 hectáreas donde Treviño Morales criaba venados de cola blanca y ganado Brahman. Cada ejemplar, se dice en el pueblo, llegaba a costar hasta 200 mil dólares y tenía varios miles de ellos. El rancho fue propiedad de Alesio García, mejor conocido como *El Huarachón*, quien se lo vendió a Treviño Morales.

El lugareño que hallamos en Parás contó que conoció a *El Z-40* y que llegó a ser uno de sus empleados en ese rancho. Con base en la información de que dispone, dice que el jefe de Los Zetas jamás solía andar por esos lares con dos personas armadas. Traía mucha gente siempre con él. No se arriesgaba.

—¿Cómo recuerdas a tu patrón? —Le pregunto.

—Yo lo recuerdo moreno, chaparrito y muy delgado. La verdad, no se parece a la persona que presentaron las autoridades, el día que dieron a conocer su detención. El vestía pantalón de mezclilla, camisetas, botas y a veces bermudas. A esa persona que vi por la tele, no la reconozco como mi patrón. Mi patrón era más moreno, más bajito y más delgado que la persona que presentaron en la televisión.

"Siempre llegaba al rancho al menos con diez o veinte camionetas con personas armadas. Los vehículos comenzaban a llegar uno por uno y al final o en medio venía él. A veces pasaba mucho tiempo sin que se apareciera por el rancho, pero cuando iba a llegar nos llamaban y nos decían: váyanse al rancho, enciendan las luces y prendan los climas, porque el patrón llega como en una hora.

"Y entonces nos jalábamos en chinga para el rancho. Nosotros vivíamos cerca de ahí y llegábamos muy rápido. Prendíamos la planta de luz y los aires acondicionados, poníamos cervezas en los refrigeradores y preparábamos todo para que llegara el patrón".

Las dudas del lugareño y exempleado de Treviño coinciden con las que dieron a conocer algunos medios de comunicación tras su detención, en julio pasado. En las fotografías oficiales se observa a *El Z-40*, en efecto. La cara redonda y los pómulos expresivos. A simple vista, la estatura no coincide con la persona que supuestamente detuvo La Marina. Sin embargo, para el gobierno federal no hay duda: el detenido sí es *El Z-40* y la DEA corroboró su identidad, según las versiones oficiales, mexicana y estadounidense.

De su forma de vida, siempre a salto de mata, el lugareño dijo que *El Z-40* solía arribar al rancho Las Palmas entre las dos y las cuatro de la madrugada. Llegaba con diez o veinte personas, cenaban y tomaban algunas cervezas y luego se encerraba en su habitación. Al día siguiente desayunaba lo que había: huevos, carne seca, café... y a veces permanecía uno o dos días. Durante su estancia en el rancho, mataba entre 15 y 20 venados, pues practicaba la cacería.

El rancho es impresionantemente grande y la casa o el casco sólo tiene seis habitaciones, varios baños y un corredor amplio. A un lado de la propiedad, *El Z-40* mandó construir una fosa para enterrar a sus víctimas, aunque según el lugareño "la agarraba de bodega" para almacenar drogas.

La recámara donde dormía Treviño Morales no es muy grande. A pesar del paso del tiempo —se observa que está abandonada desde hace mucho— aún permanecen algunos muebles: una cama grande, colchones regados, una sala café destruida, guantes, botas viejas y los huecos de algunos sistemas de aire acondicionado.

En una parte de la casa hay una lápida de concreto en la que se lee: "Octubre 12 de 2004". En el interior de la casa todo está destruido. En la cocina parece que estalló una bomba: la estufa está desprendida y de cabeza, los muebles para la despensa están desprendidos y rotos; el piso luce saturado de basura: botellas, latas de refrescos y cervezas están regados por todas las áreas. También hay una mesa que tiene tatuados varios herrajes con los que se marcaba al ganado.

Los baños públicos de cualquier mercado podrían estar más limpios que los que se observan en la casa de *El Z-40*. Hay botas rústicas tiradas por la sala y los corredores; también hay sillas rotas y pedazos de concreto desprendidos, signo del abandono y deterioro del lugar. Los armarios están destrozados y las camas, quemadas. También hay tambos con rastros de fuego, como si hubieran "cocinado" a alguna persona tiempo atrás.

Afuera, a la entrada de la propiedad, está abandonada la caja de un tráiler y muy cerca se encuentra también una camioneta azul con el cofre levantado y que parece que le estalló una granada. Aún conserva sus placas: WD-09-671 del estado de Tamaulipas. Y bajo un techo de lámina alto y largo, está aparcado un tractor inservible, pues no tiene motor ni llantas delanteras.

Alrededor del predio hay palapas, mesas destruidas, rastros de convivios con alcohol que dan la impresión de que aquello terminó en un verdadero desgarriate, pues todo está tirado y sucio. El pasto del rancho tiene sed ancestral, signo de la sequía, aunque algunos arbustos crecieron tanto que ya cubren parte de la entrada.

Durante el recorrido, lo más imponente —además de que la propiedad mide 3 mil 500 hectáreas— es el pesado silencio que al entrar a la casa cae sobre la cabeza y oprime los oídos. Se siente una atmósfera densa, más grave que la de un cementerio abandonado, lejos del bullicio y del fragor de la ciudad. El viento caliente sopla con fuerza y mueve las puertas que rechinan en un vaivén constante. En ese momento parece que alguien se acerca, que entra y sale del sitio, pero no hay nadie. La sensación remite a una película de suspenso de Alfred Hitchcock.

En su etapa de esplendor, cuenta el lugareño, *El Z-40* solía recorrer el rancho a caballo. Cabalgaba durante varias horas y entrenaba su puntería cazando venados. Recuerda que la víspera de su cumpleaños, Treviño Morales le dijo:

—¿Tienes comida para festejar?
—No, patrón.

Entonces *El Z-40* tomó su rifle, apuntó hacia una corpulenta vaca jorobada y le abrió la cabeza de un disparo. El animal cayó desplomado.

—Ahí tienes carne para un año. —Le dijo.

El hombre arrastró al animal y pidió ayuda para aliñarlo. Hizo su fiesta y le sobró comida para varios meses.

También conoció, dice, la parte sanguinaria de su jefe. El lugareño se malquistó con el caporal de otro rancho aledaño y aquel amenazó con matarle sus caballos. "Eran unos animales que yo había comprado, pero me los quería matar. Me tenía odio. Estaba muy enojado porque a él se le había perdido un ganado y sospechaba de mí. Pero yo no le robé nada".

Un día le conté a mi patrón todo lo que pasaba. Pasaron varios días y cuando regresó al rancho, me mandó llamar.

—¿Cómo están las cosas con el fulano aquél? ¿Ya se arreglaron?

—No, me sigue amenazando.

El Z-40 soltó una carcajada y le dijo:

—El problema está solucionado y puedes estar tranquilo. Todo está resuelto —le dijo mientras le aventaba una bolsa negra. Al abrirla, descubrió la cabeza de la persona con la que sostenía diferencias personales.

—¿Y qué pensó usted? —se le pregunta.

No hubo respuesta. Se limitó a sonreír nerviosamente.

Cuando el rancho Las Palmas estaba en su mejor momento, trabajaban unas 70 u 80 personas. El lugareño ganaba doscientos pesos diarios y no tenía horario de trabajo. La comida era ilimitada "y muy buena para todos", dice.

Aquí trabajábamos hasta 14 horas para hacer un trabajo: una barda, limpiar el terreno, atender el ganado Brahman americano y vigilar el predio.

Pero el año pasado las cosas comenzaron a ir de mal en peor no sólo en el rancho, sino en el entorno de Miguel Treviño Morales. Al comenzar el 2012, el FBI había descubierto una red de lavado de dinero operada por José Treviño Morales, hermano de Miguel y de Omar, que operaba desde Oklahoma, Estados Unidos.

Las sospechas en realidad comenzaron en 2011, cuando los Treviño comenzaron a comprar caballos de carrera Cuarto de Milla y a ganar carreras importantes y bolsas hasta de 2.5 millones de dólares. Al menos el Departamento de Justicia de Estados Unidos tiene registros de que los caballos comprados por los Treviño ganaron en tres ocasiones el derbi más importante de ese país, que se celebra anualmente en Louisville, Kentucky, y se efectúa el primer sábado de mayo. La carrera se celebra en el marco del festival del Derbi que tiene dos semanas de duración. La carrera, conocida en Estados Unidos como "los dos minutos más excitantes en el deporte", se lleva a cabo en el hipódromo Churchill Downs. Los Treviño la ganaron en tres ocasiones con caballos purasangre, cuya bolsa casi alcanza los tres millones de dólares.

En el rancho de Oklahoma, propiedad de los hermanos Treviño, todo parecía normal. Los vecinos del matrimonio formado por José Treviño y la señora Zulema "han sido los mejores que hemos tenido", pues llevaban veinte años radicando en Estados Unidos. José Treviño se ostentaba como empresario de la construcción y sus familiares, muchos de ellos trabajadores del rancho, habían llegado años atrás como obreros generales. De acuerdo con la investigación que realizó el FBI, las operaciones de lavado de dinero mediante la compra, crianza, entrenamiento y carreras de caballos celebradas en todo el suroeste de Estados Unidos, comenzaron a detectarse en 2010 y 2011.

El grupo encabezado por los Treviño invertía, según la indagación del FBI, un millón de dólares mensuales en la compra de caballos Cuarto de Milla. El periódico *The New York Times*, el más influyente de Estados Unidos, publicó a mediados del 2012 que, de acuerdo con las investigaciones del FBI, la residencia de José Treviño Morales en Estados Unidos le permitió implementar una prominente operación de crianza de caballos.

Sin embargo, la gran pasión de los Treviño por los caballos y las victorias logradas en las carreras fueron demasiados tentadoras para mantener el bajo perfil, ya que en un periodo relativamente corto —tres años— la compañía de los Treviño, "Tremor Enterprise", ganó tres carreras y amasaron una fortuna de 2.5 millones de dólares. En total, los Treviño eran propietarios de 425 caballos Cuarto de Milla.

La declaración jurada por el FBI en un Tribunal de Distrito en Estados Unidos manifestaba que el cártel mexicano de Los Zetas canalizó un millón de dólares mensuales para la compra de caballos en Estados Unidos, pero la compra de dos yeguas de cría superior a un millón de dólares en un solo día, en enero de 2010, fue lo que llamó la atención de las autoridades estadounidenses. Y ahí comenzó el rastreo a los Treviño Morales.

Después de casi dos años de investigaciones, el Departamento de Justicia de Estados Unidos ordenó la detención de todo el grupo y en aquella redada, efectuada en junio de 2012, fueron capturadas 14 personas, entre ellas José Treviño Morales y Zulema, su esposa. Las investigaciones del FBI implicaron a otros personajes mexicanos, entre ellos, al empresario Francisco Colorado Cessa, dueño de la compañía ADT Petroservicios, que durante años obtuvo concursos multimillonarios con la paraestatal Petróleos Mexicanos.

A Colorado se le implicó en la red de lavado de dinero de José Treviño Morales, de acuerdo con la indagación del FBI. Antes, en 2007, a Colorado Cessa se le había mencionado como participante, con un caballo purasangre, en una carrera de caballos efectuada el 3 de marzo de ese año en Villarín, Veracruz, en la que fue ejecutado Efraín Teodoro Torres, conocido como *La Chispa* o *El Z-14* y en su momento uno de los hombres de mayor confianza de Heriberto Lazcano Lazcano, fundador y jefe de Los Zetas hasta octubre de 2012.

Después de la carrera, sicarios al servicio de *El Z-14* se enfrentaron con policías estatales, y otros gatilleros. La balacera duró varios minutos y el jefe de Los Zetas en esa zona de Veracruz fue herido de muerte. Con vida pudo ser trasladado al hospital Millenium, en el puerto de Veracruz, donde minutos después falleció.

Lo que vino después fue de película: el cuerpo de Efraín Teodoro Torres fue velado en una funeraria del puerto de Veracruz —cuyo dueño fue ejecutado días después, cuando un gatillero fue a buscarlo y, al confirmar su identidad, le disparó—. El difunto (Teodoro Torres) fue llevado a Poza Rica, Veracruz, donde lo sepultaron. Pero al caer la noche, el velador del panteón fue sorprendido por un grupo armado que, a la fuerza, ingresó al cementerio y se robó el cuerpo de *El Z-14*.

Con picos y marros destruyeron la tumba y lograron extraer el féretro. Lo subieron a una camioneta y desapareció. Luego se supo que clandestinamente fue llevado a un cementerio de Catemaco, Veracruz, de donde era oriundo.

La captura de José Treviño Morales en Estados Unidos, había alterado el entorno de Miguel Ángel Treviño, quien dejó de ir al rancho Las Palmas y optó por refugiarse en otro rancho que, según el lugareño entrevistado, estaba custodiado por militares.

“Yo recibí la orden de sacar el ganado del rancho Las Palmas. No todo se salvó porque algunos animales se perdieron y terminaron acorralados en otros predios. Lo que sí era claro es que el patrón dejó de venir cuando pasó lo de su hermano allá en Estados Unidos. El rancho Las Palmas fue revisado por el Ejército, pero no fue asegurado”.

—¿Quién tiene en su poder el rancho Las Palmas? —se le interroga al lugareño.

—Nadie, está abandonado.

La camioneta en la que llegamos se había quedado encendida, "por si hay que salir huyendo", a la entrada del rancho. La tarde caía con una bella puesta de sol. Mientras contaba otros detalles de su patrón, al que trató por algunos meses en el rancho Las Palmas, el lugareño se subió a la camioneta y dijo un tanto nervioso y mirando para todas partes:

—Es mejor que nos vayamos, no vaya a venir gente y nos partan la madre.

ANEXO DOCUMENTAL

PROCURADURÍA GENERAL DE LA REPÚBLICA

SUBPROCURADURÍA DE INVESTIGACIÓN ESPECIALIZADA EN DELINCUENCIA ORGANIZADA.

Aguayo, que se encuentra en Ciudad Victoria, Tamaulipas, en esa ocasión el me fue a visitar a Nuevo Laredo, creo que a sugerencia de Tomas Yarrington, ya que son amigos de hace muchos años, para ver los cambios en la sucesión del gobierno del Estado, me dijo que el gobernador le habia comentado acerca de la toma del cambio de gobernador, que iban a empezar las inquietudes políticas, ya que estaba por finalizar el gobierno de Tomas Yarrington, y me comentó que su corazoncito estaba con Eugenio Javier Hernández Flores, ya que Fernando Cano me dijo que él fue quien introdujo a EUGENIO con el entonces gobernador Tomás Yarrington, que es de todos conocido que la carrera política de EUGENIO fue promocionada por Yarrington y FERNANDO CANO, posterior a este evento tuve otros cinco encuentros durante el 2003 con FERNANDO CANO relativos a las elecciones de gobernador. El 6 de enero de 2004 se llevó a cabo el cumpleaños del agente aduanal y expresidente municipal interino de Nuevo Laredo, LUIS EDMUNDO GONZALEZ ELIZONDO alias "LA GUICHA", en el salón América, que se encuentra ubicado entre la calle Madero y a una cuadra de la calle Guerrero, asistiendo a dicho evento alrededor de unas cuatrocientas personas, entre ellas la clase política, económica y en general líderes de casi todas las agrupaciones sociales, destacando que en ese evento el invitado de honor a idea de Fernando Cano, el de la fiesta y mia, era Eugenio Javier Hernández Flores, presentándolo ante toda la gente que asistió a ese evento como una posibilidad real a construir la candidatura a gobernador del estado de Tamaulipas, presentando Fernando Cano a todos los invitados mesa por mesa a Eugenio Javier Hernández como invitado de la fiesta, pero todos sabían del doble sentido de la fiesta, que era presentarlo como precandidato a dicha gobernatura por el PRI; los otros precandidatos eran el licenciado y diputado federal en ese entonces Homero Díaz y el licenciado y senador de la república de esa temporalidad Oscar Luebert Gutiérrez, siendo hasta septiembre aproximadamente del dos mil cuatro que se decide a través de consulta a las bases, quien iba a ser el candidato del partido a gobernador del estado, siendo que Eugenio Javier Hernández, gana la candidatura a gobernador del estado por el PRI, quiero manifestar que Fernando Cano me dijo que el apoyo de los malos, refiriéndose al cartel del golfo, estaba del lado de Oscar Luebert Gutiérrez, desconozco como se entero él, pero además me dijo que Juan José Muñiz, era el enlace y operador político entre el cartel del golfo y Oscar Luebert Gutiérrez, apoyándolo de manera económica, Oscar era el que recibia el dinero en efectivo del cartel para el financiamiento de la campaña de Oscar Luebert Gutiérrez, esto lo se por Fernando Cano y desconozco como el se enteró, recuerdo además que me dijo que estábamos en desventaja refiriéndose en el sentido económico de la campaña, ya que Oscar Luebert contaba con el apoyo económico del cartel del golfo, que era representado por Osiel Cárdenas y Gregorio "el Goyo" Sauceda, tan así que él utilizaba dos aviones grandes que generaban un gasto de dos mil quinientos dólares la hora por cada una, y nosotros rentábamos aviones de ochocientos dólares la hora; recuerdo que en esas fechas de septiembre Fernando Cano me habló por teléfono para decirme que fuera hablar con Miguel Treviño, para pedirle su aprobación para la postulación de Eugenio Javier Hernández Morales como candidato a gobernador, por lo que dos días después me reuní con Miguel Treviño, en la plaza de los ricos la cual está ubicada enfrente de la catedral de Nuevo Laredo, quien dijo que no se oponía y además me dijo que qué se necesitaba, a lo que le contesté que nada, aclarando que no se estableció ningún compromiso entre Miguel Treviño y Eugenio Treviño, en ese momento y si lo hubo a mi no me consta, pero quien pudiera saber si existió algún compromiso entre ellos es Fernando Cano; desde entonces Miguel Treviño ya tenía

8

Vínculos entre Eugenio Hernández y *El Z-40*. Fuente: PGR.

PROCURADURIA GENERAL DE LA REPUBLICA

SUBPROCURADURÍA DE INVESTIGACIÓN ESPECIALIZADA EN DELINCUENCIA ORGANIZADA.

motivo para que lo estaba buscando, por lo que yo le dije no lo estaba buscando y no sabía donde estaba; a Miguel Treviño Morales lo conocí en el verano de dos mil tres y la media filiación de él es la siguiente de aproximadamente treinta y ocho años de edad, complexión corpulenta, de un metro setenta centímetros aproximadamente, de ojeras muy marcadas, piel morena, en el rancho la Reforma que es de mi propiedad, el cual se ubica en la kilómetro veintidós, de la carretera Nuevo Laredo-Monterrey, Miguel Treviño Morales llegó a mi rancho que ya mencioné, ya que era del séquito de la seguridad de Guadalupe "El Gordo" Mata, en ese momento me mencionó que andaba buscando toros Bismart, a lo que yo le dije que yo tenía toros de ese tipo en mi rancho que estaba a unos siete kilómetros, ya que yo soy ganadero desde hace mucho tiempo, de hecho estoy dado de alta como ganadero estando al corriente con mis pagos fiscales hasta la fecha, entonces él me dijo que no quería ningún compromiso, que él quería comprar los toros, a lo que yo le contesté que los tenía que ver y que yo se los regalaba, quiero aclarar que a Guadalupe "El Gordo Mata", lo conocí en las grúas "Mora" propiedad de Sergio Mora sin recordar el otro apellido, a quien conozco desde toda la vida, dichas grúas se encuentran a la altura de la carretera Nuevo Laredo-Monterrey, creo que en esa ocasión fui a buscar una refacción de una camioneta que utilizaba en mi rancho, allí se encontraba el "El Gordo Mata", quien se encontraba en el privado del dueño de las grúas Mora, que se encontraba atrás de la oficina, allí estaban reunidos ellos dos y entonces me dijo "El Gordo" Mata que recién había sido designado como jefe de la plaza en Nuevo Laredo por Osiel Cárdenas, recuerdo que en la mesa estaba una ametralladora de oro que era de "El Gordo" Mata, entonces me dijo que si no tenía miedo, y yo le dije que no, entonces me dijo que él era el jefe de la policía mundial; que respecto a los amarres que hacía el declarante entre Miguel Treviño y Eugenio Hernández Flores aspirante a candidato a gobernador, era que respetara al señor Eugenio Hernández como posible candidato a ese cargo, es importante señalar que de parte de Miguel Treviño si hubo un ofrecimiento de dinero hacia Eugenio Hernández Flores para gastos de su campaña de Eugenio Hernández, pero le dije que no era necesario, entonces Miguel Treviño me dijo que qué se necesitaba y yo le contesté que nada, que era cosa de hombres, en ese sentido fue el amarre entre ellos, que Miguel Treviño no estropeara las posibilidades de Eugenio Hernández a buscar la candidatura a gobernador y que éste no hiciera cosas que no le competiera, es decir no meterse con ellos, las veces que nos reunimos fueron como una cinco o seis veces, dichas reuniones fueron a finales de dos mil tres y dos mil tres, las cuales se llevaron a cabo en la plaza Longoria, que se ubica en la Colonia Longoria que es paseo Colón y Reforma, como referencia está enfrente de la catedral del espíritu santo, a veces Miguel Treviño se hacía acompañar de su hermano Omar Treviño, siempre iban custodiados por sus séquitos, alrededor de unos veinte personas, quienes a veces usaban trajes de AFI, otras veces de militar, siempre andaban fuertemente armados y utilizaban autos tipo Cherokee blindados, dichas reuniones al paso del tiempo fueron disminuyendo al grado de llevarse a cabo en el dos mil cuatro fueron unas cuatro o cinco veces, en el dos mil cinco fueron unas tres veces, en el dos mil seis una o dos veces y en el dos mil siete creo que una ocasión siendo en el mes de enero de ese año, siendo la última ocasión que nos reunimos, pero casi en un noventa por ciento todas fueron en el mismo lugar, es decir en la plaza que ya referí, desde entonces ya no se nada de Miguel Treviño ya que no he vuelto a tener comunicación con él, lo último que supe de él es que andaba en los bares "CANANAS" y "1800" en Nuevo Laredo, Tamaulipas, dichos bares se ubican cerca del monumento de Don Benito Juárez y el Hospital San José, entre los bares

4

Los negocios de Treviño Morales con el poder. Fuente: PGR.

SUBPROCURADURÍA DE INVESTIGACIÓN ESPECIALIZADA EN DELINCUENCIA ORGANIZADA.

a diferentes centros penitenciarios que opera al parecer en cuatro estados, siendo Tamaulipas, Aguascalientes, Guadalajara y el otro no recuerdo; además se que Tomás Yarrington es dueño del cable de matamoros, ya que en una o dos ocasiones vi que Jorge Max, quien fue el primer procurador en el periodo de Tomás y actualmente notario público, le rendía cuentas respecto del cable en la casa de Tomás en Matamoros; otro prestanombres de Tomás Yarrington, es Juan Manuel Sánchez, alias "el piojo", quien se ostenta como el dueño cable de Tampico; otra empresa relacionada con Tomás Yarrington es la denominada "osaca", la cual funge como asesora política y cualquier cosa que necesite los gobierno de los estados, la cual utiliza para justificar la riqueza o los bienes de Tomás Yarrington; otro prestanombres de Tomás y quien goza de su más confianza es el doctor Alfredo Sandoval, quien fungió como subsecretario de egresos durante su gobierno, actualmente vive en Saltillo, Coahuila, como asesor del gobierno de Coahuila, esta persona es clave ya que tiene conocimiento de todo lo que mencioné, ya que es el administrador de gran parte de los bienes de Tomás Yarrington y de su familia, esto me consta ya que he estado presente en reuniones entre ellos en san Marcos, Texas, EE.UU., en el Distrito Federal, en la oficina que tenía Tomás, enfrente de la embajada Americana, piso 12, la cual utilizaba para la campaña TUCOM (todos unidos contra Madrazo), Matamoros, en Port Isabel (isla del padre), entre otras de las que recuerdo, en las cuales hablaban respecto de los negocios que tenían y de la administración de los inmuebles de Tomás Yarrington; otro hecho que acabo de mencionar es que Eduardo Rodríguez Berlanga, alias "la conga", me dijo que conoció al "rojo", y que éste le ofreció dinero en préstamo para lo que quisiera, a lo cual Eduardo le dijo que no, pero con el "rojo", dijo también que Eduardo le presentó a Heriberto Lazcano y Miguel Treviño y que les consiguió granjas en renta para descansar en los alrededores de Victoria, me platicó que visitó al "rojo", en prisión de Victoria y que fue muy criticado injustamente según él, por la gente del gobernador, Eduardo Rodríguez además me comentó que llevó a Heriberto Lazcano a su rancho la "providencia" y que éste se quedó maravillado con dicho rancho por todo la que tenía; otro dato que recuerdo del ingeniero Miguel Treviño, quien no tiene nada que ver con Miguel Treviño, alias el "Z-40", que junto con el administrador Bernardo González ven lo relativo de la isla "Frontón" lo de la hacienda "san Juan" y lo de un rancho que está en san Fernando, sin saber donde se encuentra ubicado exactamente, además Miguel Treviño se encarga de los gastos de Tomás Yarrington y de su familia; cabe mencionar que otros de los aportadores a la precampaña del actual gobernador Eugenio Hernández, fue Alfonso de la Garza, quien tiene una constructora sin recordar su nombre; Farou Corjuera, comerciante; René Castillo, comerciante y compadre de Eugenio Hernández; otro hecho que quiero mencionar es que supe de unos asesinatos en el rancho "la guicha" de Luis Edmundo González alias la "Guicha", que le había vendido a Miguel Treviño alias "Z-40", el cual nunca se lo pagó en su totalidad y por tal motivo regresó a su anterior propietario, pero durante la administración de dicho rancho de Miguel Treviño "Z-40", se suscitaron los asesinatos de Sergio Castillo Ortiz alias "el checo Ortiz" y de su papá de quien solo recuerdo su apellido Castillo, esto lo supe por medio de la mamá y esposa respectivamente de los recién mencionados y su hermano de ésta el licenciado Gilberto Ortiz Medina; una de las gentes que mueven droga para Miguel Treviño alias "Z-40", es Jorge Ortiz alias "la mamba" quien actualmente se encuentra preso en la cárcel de Nuevo Laredo y éste se ayuda a través de sus hermanos Rafael y Juan Ortiz, primos hermanos de Sergio Castillo Ortiz, esto lo se por que me lo contó mi hijo Antonio Peña alias "Tony la amenaza"; otro hecho que quiero mencionar es que

18

"Miguel Treviño se encarga de los gastos de Tomás Yarington y de su familia". Fuente: PGR.

Osiel Cárdenas Guillén, cuya guardia personal fueron militares de élite. Foto: AP.

Eduardo Costilla Sánchez, *El Coss.* Foto: Procesofoto.

Rodolfo Torre Cantú, el candidato asesinado. Foto: Procesofoto.

Iván Velázquez Caballero, alias *El talibán.* Foto: Procesofoto.

Flavio Méndez Santiago, *El Amarillo*. Foto: Procesofoto.

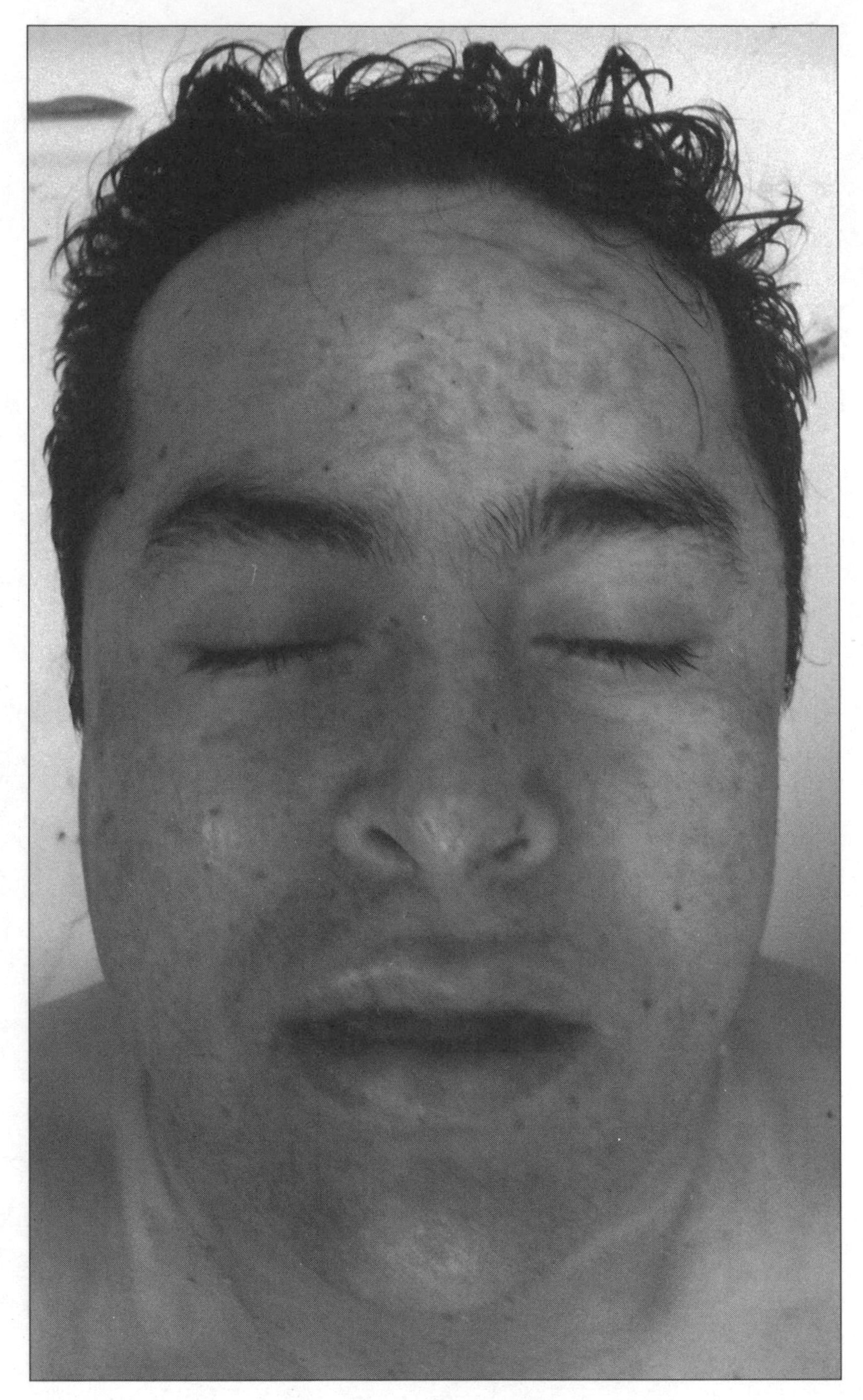

Heriberto Lazcano Lazcano, un muerto más rápido que la policía. Foto: PGR.

Tomás Yarrington, el impune. Foto: Procesofoto.

Eugenio Hernández: amistades peligrosas. Foto: Procesofoto.

El senador Manuel Cavazos Lerma: narcopoder. Foto: Procesofoto.

Víctimas de Los Zetas. Foto: Procesofoto.

Narcomantas: mensajes de terror. Foto: Procesofoto.

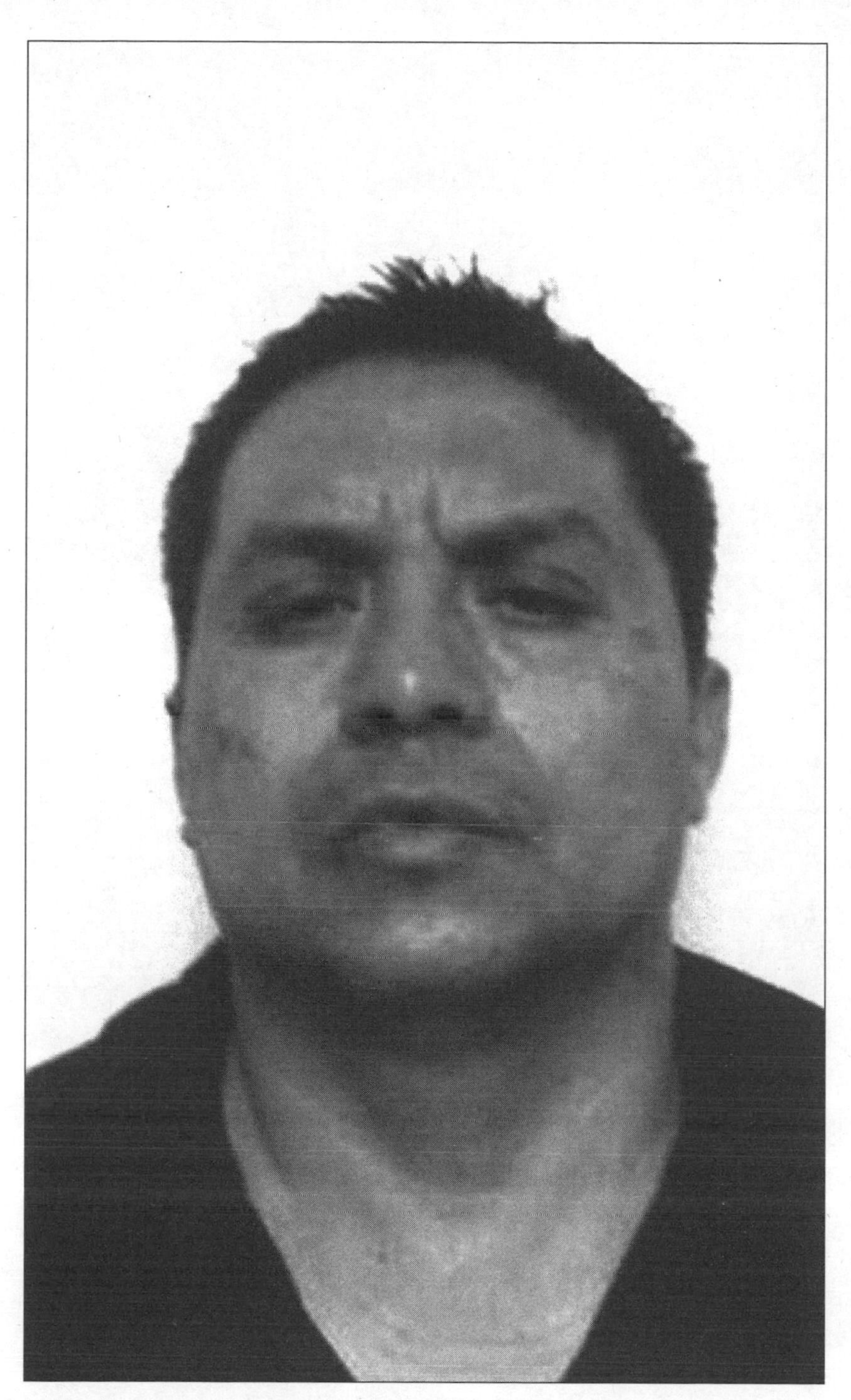

Miguel Ángel Treviño Morales, *El Z-40*. Foto: PGR.

Exterior del rancho de *El Z-40* en Parás, Nuevo Léon. Foto: Heriberto Paredes Coronel.

Aspecto del rancho de *El Z-40* tras los cateos. Foto: Heriberto Paredes Coronel.

Zetas, la franquicia criminal
de Ricardo Ravelo
se terminó de imprimir y encuadernar en marzo de 2014
en Programas Educativos S. A. de C. V.
Calzada Chabacano 65-A, Asturias, DF-06850, México